TOI, LE (FUTUR) PAPA GEEK

Illustrations : Papa Cube
Suivi éditorial : Manuella Guillot
Maquette : Thierry Decke
Design de couverture : Elisabeth Chardin

10 place des Cinq-Martyrs-du-Lycée-Buffon
75015 Paris – France
ISBN : 978-2-36704-125-4

NICOLAS KALOGEROPOULOS
Un papa geek qui blogue sur www.monpapaestungeek.fr

TOI, LE (FUTUR) PAPA GEEK

LEDUC.S
HUMOUR

À mon père, le premier papa geek.

À mes enfants, l'inspiration quotidienne.

À ma femme, grâce à laquelle je suis devenu père.

Sommaire

Avant-Lisez-moi

J'ai eu une scolarité complexe et chaotique. J'étais très mauvais en orthographe (je ne me souviens pas avoir eu une seule fois plus de 5/20 en dictée), et je souffrais de sérieux problèmes de concentration. J'ai redoublé plusieurs fois, et chaque passage en classe supérieure était sérieusement soupesé. Mes professeurs étaient tous d'accord pour affirmer que j'étais globalement gentil et intelligent… mais pas du tout dans les clous.

Et pourtant, aujourd'hui, j'ai derrière moi dix ans de journalisme en presse écrite, j'ai créé plusieurs blogs et vous tenez dans vos mains mon tout premier livre. Alors j'ai envie de dire, prends ça dans les dents le destin !

Jamais de ma vie d'étudiant je n'ai eu le sentiment de valoir quelque chose de bon, et si j'avais écouté mes profs, qui sait ce que je serai devenu ? Tout ce que je fais aujourd'hui, je l'ai appris seul, au fil des années, et grâce à Internet.

Je ne suis pas le seul dans ce cas, à vrai dire beaucoup de gens sont comme moi et ils répondent souvent au petit sobriquet de GEEK !

Si vous lisez ce livre, c'est qu'il y a de fortes chances pour que vous fassiez partie du clan... Et qu'en plus, vous allez avoir un enfant. Deux raisons de vous réjouir ! Ce livre est pour vous, bienvenue à la maison !

Lisez-moi !

Au début des années 2000, dans votre jeunesse, vous passiez de longues heures enfermé dans votre chambre à faire « des trucs » (RDS) sur votre ordi. À cette époque, personne ne comprenait réellement ce que vous faisiez, et encore moins vos parents. Pour les gens cool de votre classe, vous étiez franchement ringard et, n'ayons pas peur de dire qu'avec votre look d'informaticien au corps frêle, le looser du lycée, c'était vous.

Aujourd'hui, vous passez de longues heures sur votre ordinateur, votre smartphone, votre tablette et, en toute franchise, toujours personne ne comprend réellement ce que vous faites. Pourtant, vous êtes sorti du côté obscur de la Force, car d'informaticien (oh ! le vilain mot !), vous êtes devenu GEEK ! On ne se vante pas d'être un informaticien, alors qu'on se pavane d'être un geek. Les gens sont fiers de dire : « Ouais, je sais, j'ai atteint le niveau 200 à Candy Crush®, je suis trop geek. Lol. » On en vient même à porter des vêtements où il est écrit en gros : GEEK !

Ce n'est pas tous les jours que ce genre de promotion sociale arrive, alors il faut en profiter. Les filles n'aiment plus les vieux rebelles sur le retour parce qu'ils ne sont pas fiables. OK, ils sont ténébreux et sauvages... mais pour fonder une famille, bonjour la galère. Parce que bon, il ne faut pas se mentir, le ténébreux, quand il s'agit de mettre la table, sortir les poubelles ou aller faire les courses, il n'y a plus personne... Alors que vous, mon bon ami, vous êtes le candidat idéal ! La société actuelle repose sur vos inventions, votre code, vos apps, vos logiciels et vos sites Internet. Vous êtes un *digital native*, vous comprenez le monde mieux que personne et il ne vous faut pas quatre heures pour manier la nouvelle Smart TV et sa télécommande ultra-pas-intuitive. Oui, mon frère, il est temps d'accepter la nouvelle réalité ; vous, le geek, vous êtes l'être vivant (les robots circulez, y'a rien à voir) le plus abouti de notre espèce, vous êtes le fer de lance de l'humanité ! En un mot comme en cent, vous êtes PAR-FAIT !

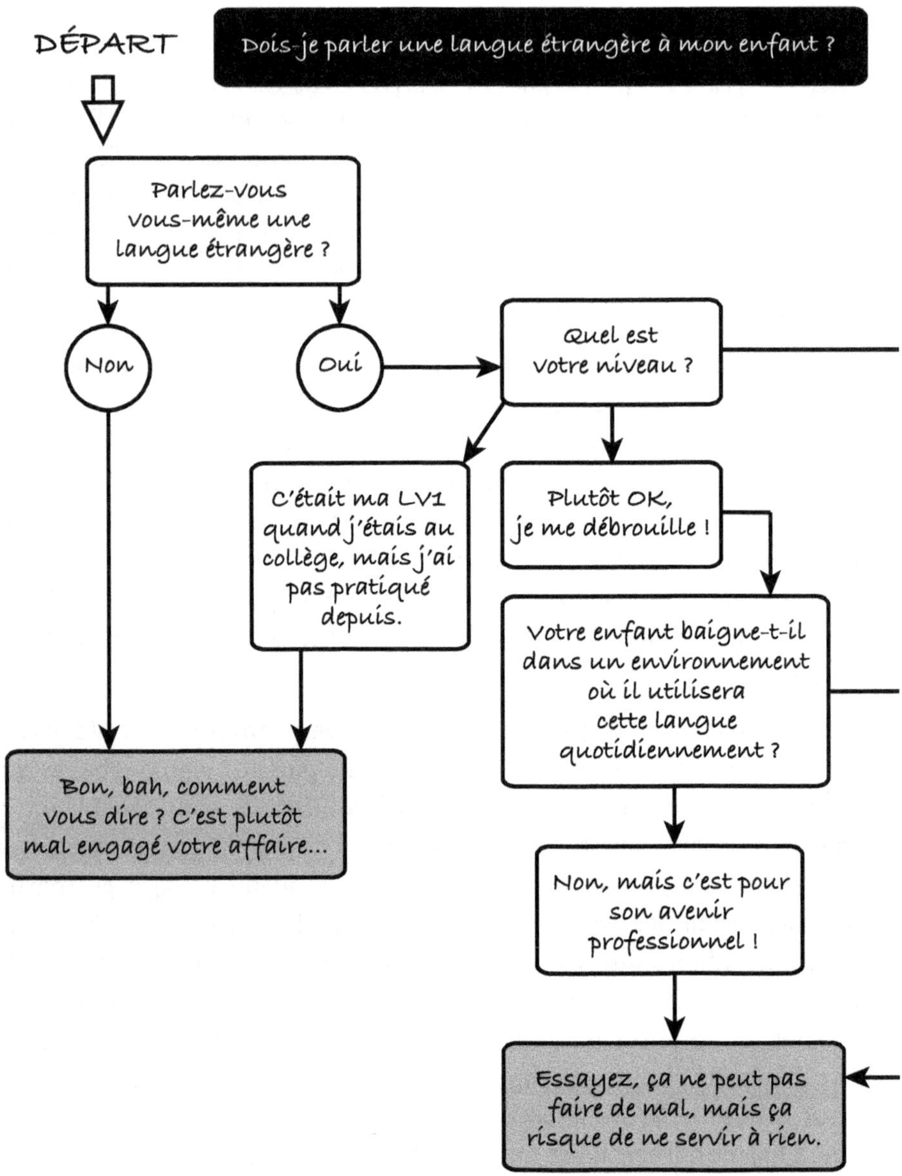
DÉPART
Dois-je parler une langue étrangère à mon enfant ?
Parlez-vous vous-même une langue étrangère ?
Non
Oui
Quel est votre niveau ?
C'était ma LV1 quand j'étais au collège, mais j'ai pas pratiqué depuis.
Plutôt OK, je me débrouille !
Bon, bah, comment vous dire ? C'est plutôt mal engagé votre affaire...
Votre enfant baigne-t-il dans un environnement où il utilisera cette langue quotidiennement ?
Non, mais c'est pour son avenir professionnel !
Essayez, ça ne peut pas faire de mal, mais ça risque de ne servir à rien.

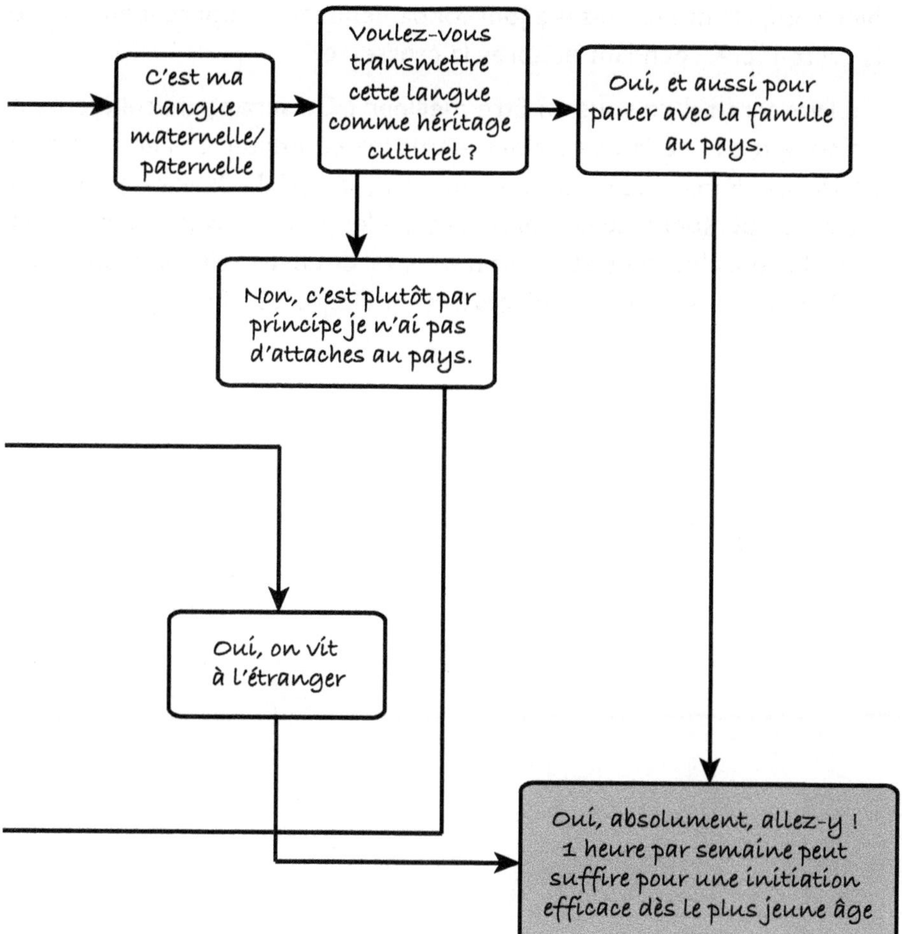
C'est ma langue maternelle/ paternelle
Voulez-vous transmettre cette langue comme héritage culturel ?
Oui, et aussi pour parler avec la famille au pays.
Non, c'est plutôt par principe je n'ai pas d'attaches au pays.
Oui, on vit à l'étranger
Oui, absolument, allez-y ! 1 heure par semaine peut suffire pour une initiation efficace dès le plus jeune âge

Jusqu'à ce que vous ayez des enfants. Là, les choses risquent de se compliquer un peu. Alors, vous voilà avec ce livre entre les mains et vous vous demandez bien ce que vous allez pouvoir y apprendre. Vous vous souvenez quand, en 1998, vous étiez coincé dans *Street* Fighter 2 ou *Zelda* et que vous alliez sur le Minitel pour chercher des « soluces » ? Et bien voilà, imaginez ce livre comme votre soluce du papa geek idéal. Ici, vous apprendrez tout ce dont vous avez besoin pour bien gérer l'intégration du module bébé dans votre ordinateur familial, réussir votre *update* de système d'exploitation de jeune homme à papa 2.0, et enfin, bien comprendre les mises à jour fondamentales qui opèrent au sein de la carte-Mère... pendant et après la grossesse.

Ce livre fera-t-il de vous un être meilleur ? Ce serait particulièrement présomptueux de le dire... alors je vais me contenter de l'écrire : oui ! Pourquoi ? Parce que je suis comme vous, j'ai l'ADN du geek, je fais des trucs que personne ne comprend, j'aime les jeux vidéo, je sais coder et faire des sites Internet, et je sais me servir des deux télécommandes de la TV. Et en plus, j'ai deux enfants... et un blog. C'est dire !

Après-Lisez-moi

[mais pas encore tout à fait le contenu du livre][1]

J'ai relu mes deux avant-propos, et je me rends compte que je suis peut-être un peu sectaire. Vous êtes jeune ou futur papa et pas franchement geek ? Personne n'est parfait. Mais ce n'est pas un problème, lisez ce livre et on va faire de vous un homme, un vrai.

Vous êtes une femme jeune ou future maman et vous vous inquiétez parce que le père de votre enfant est un ado sur le retour qui joue encore aux jeux vidéo ? Offrez ce livre à votre homme, et lisez-le discrètement. Qui sait, vous pourriez peut-être apprendre un truc ou deux sur la psychologie masculine qui vous aideront à mieux l'accompagner dans sa mutation vers le rôle de père.

Vous êtes un archéologue vivant en 25 000 après J.-C. et vous avez découvert ce livre comme seule trace de notre civilisation perdue ? Ça craint. Mais bon, est-ce que vous avez finalement réussi à inventer les *hoverboards* ? Parce qu'ici, ça paraît mal engagé...

Ces précisions faites, nous pouvons commencer.

1. Je ne pense pas avoir jamais vu de « post-avant-propos » comme celui-ci, ceci est donc probablement une première mondiale. J'en suis assez fier.

Introduction

C'est quoi un papa geek ?

En voilà une bonne question… Quelle différence fondamentale entre un papa normal et un papa geek ? Avant de répondre à cette épineuse question, il est bon de se rappeler ce qui fait l'essence même du geek : la passion ! Nous sommes des êtres passionnés par certains sujets, généralement tournant autour de la science-fiction, de la science (tout court), des jeux vidéo, de l'informatique et des merveilles de l'Internet.

Or ce qui nous caractérise encore plus, c'est que cette passion est généralement débordante et communicative. Nous cherchons à parler de ce qui nous plaît, à le transmettre… Ce qui fait précisément de nous des futurs pères en puissance ! Car, après tout, qu'est-ce qu'un bon père si ce n'est celui qui transmet à ses enfants ce qu'il aime le plus ?

Le jeune geek, à partir du moment où il a réussi à trouver une femme avec qui s'accoupler (ce qui n'est pas toujours facile), possède donc un excellent capital pour faire le père parfait. Les jeux vidéo lui ont appris que c'est en travaillant en équipe que l'on réussit le mieux. Les livres et films de science-fiction lui permettent de raconter des histoires fantastiques. Sa passion de l'informatique et ses connaissances avancées à propos de tout ce qui touche de près ou de loin à Internet lui assurent la digitalisation du foyer et sont une véritable aide pour tous les petits problèmes du quotidien. Le geek est généralement une source intarissable de connaissances et il adore répondre aux questions, ce qui le rend très amusant et compatible avec les enfants. Dès que l'occasion se présentera, le papa geek cherchera à partager son univers avec ses enfants, ce qui est indispensable pour créer des liens forts et une véritable cohésion familiale.

Bref, un papa geek, c'est quelqu'un capable de prendre soin des autres sans pour autant renoncer à ce petit quelque chose qui fait de lui un être unique, et qu'il désirera ardemment transmettre à ses enfants. Voilà, maintenant, vous savez.

```
//---------------------------//
//--Information importante--//
//---------------------------//
{
Tout au long de ce livre, je vous délivre de nombreux
conseils et astuces sur la base de ma propre expé-
rience, mais aussi de lectures et d'échanges que j'ai
pu avoir avec des professionnels de la petite enfance.
Mais, au moindre doute, seuls votre pédiatre ou votre
médecin traitant seront en mesure de vous donner un
diagnostic clair et précis !
N'ayez pas peur d'aller leur poser des questions, même
si vous avez l'impression que vous les dérangez pour
rien. Il n'y a pas de question idiote, surtout quand
la santé et le bien-être de votre enfant sont en jeu !
}
```

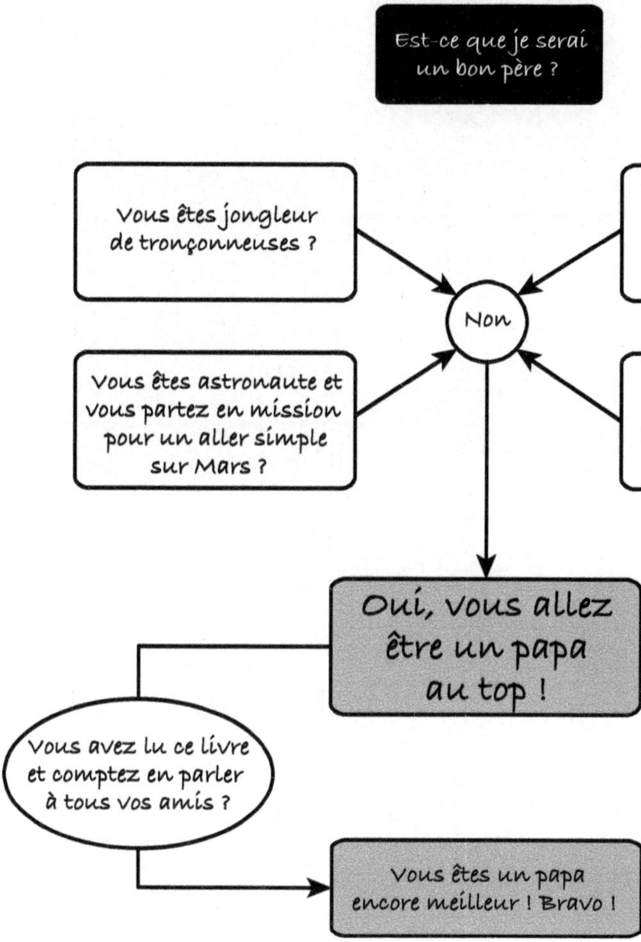
Est-ce que je serai un bon père ?
Vous êtes jongleur de tronçonneuses ?
Vous passez 20h/24 au boulot ?
Non
Vous êtes astronaute et vous partez en mission pour un aller simple sur Mars ?
Vous êtes un ogre mangeur d'enfants ?
Oui, vous allez être un papa au top !
Vous avez lu ce livre et comptez en parler à tous vos amis ?
Vous êtes un papa encore meilleur ! Bravo !

PARTIE 1

Futur papa geek

Neuf mois de téléchargement

L'Internet en haut et très haut débit est une invention merveilleuse, elle nous apporte le savoir du bout des doigts en quelques nano secondes. Mais le point négatif, c'est que ça nous a rendus impatients. En l'an 2000, à l'ère des modems 56k, il fallait parfois attendre des heures, voire des jours, pour télécharger un album sur Napster®. Aujourd'hui, si le temps de téléchargement dépasse les dix minutes, on commence à râler. Quel rapport entre les temps de téléchargement et la naissance d'un enfant ? Plus que vous ne pourriez l'imaginer ! La grossesse de votre femme est le plus long et le plus gros téléchargement de votre vie ! Entre la mise en route et la récupération du fichier bébé s'écoulent neuf longs mois pendant lesquels le temps vous semblera particulièrement long.

Lorsque ma femme est tombée enceinte de notre premier enfant, nous étions bien sûr très heureux. Passé les premiers temps et l'excitation du début, ce nouvel état transitoire est devenu la nouvelle norme. La grossesse était notre nouvelle façon de vivre et, franchement, je ne l'avais pas vraiment anticipée. Aujourd'hui, tout va vite, on veut tout, tout le temps et tout de suite. Évidemment, on sait tous qu'il faut neuf mois pour fabriquer un bébé, mais ça, c'est la théorie. Une fois sur le terrain, il faut être patient, car Mère Nature vous rappelle alors qu'il faut du temps pour bien faire les choses. On s'imagine que, dès lors que l'on va enclencher le projet bébé, ce dernier sera tout de suite très concret, mais ce n'est pas le cas. Pendant ce moment de vie transitoire et interminable à la fois, la femme voit naître la vie en elle, tandis que l'homme voit simplement le ventre de sa femme s'arrondir.

Bien sûr, il y a différentes étapes qui permettent de donner du rythme à cette aventure, comme les rendez-vous échographiques (ne les ratez pas !), les premiers coups de pied dans le ventre, l'achat du matériel de puériculture (notamment le dilemme de la poussette, voir plus loin), trouver un nouveau logement, aménager la chambre de l'enfant, *brainstormer* des heures avec sa femme pour trouver le prénom parfait, etc.

Toutes ces choses, si elles sont faites avec application, vous permettront de vous projeter dans le rôle de père, d'entrevoir ce que ça pourrait bien donner. Mais ne vous y trompez pas, il y a une différence fondamentale entre s'imaginer père et le devenir réellement. C'est comme s'imaginer conduire une voiture et passer le permis. Pas pareil. *Nope* !

Il va sans dire que vous, oui vous, cher lecteur, aurez un coup d'avance, puisqu'en lisant ce livre, vous aurez déjà un aperçu honnête de ce qui vous attend, avec en plus des conseils pour vous tailler rapidement un costume de Super-Papa. Malgré cela, et bien que le moment de la naissance sera probablement pour vous l'un des moments les plus intenses de votre vie, endosser le rôle du père ne se fera pas du jour au lendemain. Il faudra être patient et indulgent vis-à-vis de vos émotions. À titre d'exemple, il m'a fallu plus de deux mois pour réussir à dire « Tu es ma fille, je suis ton père » sans que ça ne me paraisse étrange et surréaliste. L'homme possède une étonnante capacité d'adaptation… mais elle ne se fait pas en un jour.

Aussi, le fait que la grossesse dure aussi longtemps est finalement une bonne chose. Plus l'enfant s'épanouit dans le ventre de sa mère, plus la graine de père qui est en vous aura le temps de germer.

Ah, et profitez-en pour finir tous les jeux vidéo que vous vous êtes promis de faire parce qu'après la naissance ce n'est pas dit que vous ayez encore le temps…

Level up

Achievement unlocked : Papa Noob !

Bravo, vous venez de débloquer le premier des neuf bonus cachés dans ce livre ! Comment le récupérer ? Facile, scannez ce QR Code et affichez fièrement votre nouveau badge sur tous les réseaux sociaux !

http://monpapaestungeek.fr/badgeslivre/papa-noob.jpg

Quiz : êtes-vous baby-ready ?

D'ici quelques semaines, vous pourrez glorieusement chanter « Il est né le divin enfant » en parlant de votre merveilleuse progéniture. Mais tant que le polichinelle est dans le tiroir, qu'il y a une brioche dans le four, que votre femme est mère de son arrondissement (j'aime bien celle-là, personnellement)... bref, tant que vous n'êtes pas papa, vous n'avez pas droit à la carte officielle du Club des Parents. La question à se poser est alors : « Suis-je prêt ? » Pour y répondre, quoi de mieux qu'un test de personnalité à très haute valeur scientifique (si, si, si) ? Rien, exactement. Allez, les questions c'est par ici ! Et on répond sans tricher !

Question 1

D'une manière générale, la nuit vous préférez :

- Dormir en pointillé et vous réveiller toutes les trois heures.
- Dormir d'un trait et faire la grasse matinée.
- Vous coucher tôt et vous lever tôt.
- Vous coucher tôt, vous réveiller toutes les trois heures, vous rendormir tant bien que mal, et faire une croix sur les grasses matinées (c'est-à-dire au-delà de 7 h 30).

Question 2

Quand on vous parle de bricolage, vous pensez :

- Monter des meubles, c'est fun, surtout avec un mode d'emploi clair et des trous prépercés.
- La dernière fois que j'ai touché un tournevis, c'était en cours de techno, en 4e.
- Je ne suis pas contre l'idée de faire un effort, même si je préfèrerais quand même jouer à la console.
- Je connais par cœur le catalogue Ikea®, j'ai la carte de fidélité de tous les magasins de bricolage, à Noël on m'offre des forets et ça me rend profondément heureux, et j'ai peint moi-même toutes les pièces de la maison.

Question 3

Les voyages, les sorties, les potes qui passent à l'improviste, pour vous c'est :

- Important, mais je suis prêt à laisser tout ça de côté pour quelque temps.
- Fondamental ! Je ne vois pas comment je pourrais m'en passer.
- Évidemment, ça compte ! J'ai d'ailleurs déjà acheté les billets de notre prochain semi-tour du monde de trois mois !
- Le ciné ? C'est trop cher. Les amis ? Ils ont tous des enfants. Les voyages ? J'ai toujours rêvé de visiter la Creuse de toute façon.

Question 4

La technologie moderne, qu'est-ce que ça vous évoque ?

- J'aime bien appuyer sur des boutons, utiliser des appareils complexes et changer les piles toutes les trois semaines.
- J'ai déjà du mal avec ma télécommande et mon smartphone me fait la gueule.
- La technologie, OK, à petites doses, surtout si c'est silencieux et facile d'utilisation.
- Je programmais déjà ma calculette au lycée, et j'ai déjà codé deux applications pour iPhone®. Autant dire que ce n'est pas le pliage d'une poussette ou d'un lit-parapluie qui me font peur.

Question 5

Imaginons que vous êtes au restaurant et que votre enfant de 3 ans pointe du doigt un monsieur enrobé et dit tout haut et très fort : « Pourquoi il est gros le monsieur ? » Le monsieur en question est très en colère et tout le restaurant vous regarde. Comment réagissez-vous ?

- Je ne suis pas très sensible à ce que pensent les autres de moi, je me comporterais normalement.
- Je déteste me ridiculiser en public, ce serait une situation très difficile et il est possible que je m'évanouisse de honte.
- Le ridicule ne tue pas, c'est sûr, mais ce n'est quand même pas un moment très agréable.

😮 J'explique à mon enfant qu'on ne dit pas ce genre de choses, je le fais s'excuser auprès du monsieur en question et je montre combien je suis un papa formidable à toutes ces personnes.

Résultats :

Plus de 🙂 : Vous êtes *baby-ready* !

Bravo, il semblerait que vous êtes plus que prêt à franchir le pas ! Votre état d'esprit est bon, il ne vous manque plus que l'enfant. C'est pour quand d'ailleurs ?

Plus de ☹ : Aïe… *baby*-pas-*ready*

Alors là, c'est la tuile. Si vous lisez ce livre, c'est certainement que vous allez avoir un enfant, mais la mauvaise nouvelle, c'est que vous ne semblez pas du tout au point ! Il va falloir faire des efforts et commencer à penser un peu moins à vous-même. Allez, vous me faites le plaisir de vous projeter plus que ça dans le rôle de parent et vous optez pour des concessions. Courage !

Plus de 😕 : Un bébé, oui, en théorie…

Le concept de bébé vous paraît un peu abstrait, mais vous n'êtes pas fermé sur le sujet. Il y a déjà un bon travail de préparatoire de fait, mais il reste encore un peu de boulot pour vraiment être au top.

Plus de 😮 : Vous êtes déjà parent.

Avouez-le, vous êtes déjà papa et vous avez fait ce test juste pour voir si vous êtes bien dans le job ? Bravo en tout cas, ça semble assez bien se dérouler !

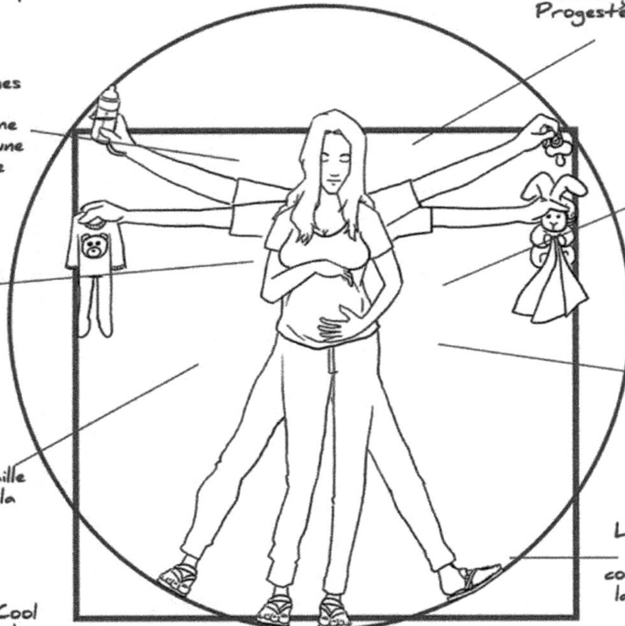
Après 20 semaines de grossesse, la femme possède 50% de sang en plus qu'avant la conception.
L'âge moyen en France pour un premier enfant est de 28 ans pour les femmes.
Taux d'hormones :
Oestrogène X 300
Progestérone X 1000
Sous l'effet des hormones et de l'afflux sanguin supplémentaire, la femme enceinte est belle et a une super mine même si elle est hyper fatiguée.
70% des femmes enceintes se sont vu toucher le ventre par des inconnus.
40% des femmes enceintes prennent au moins deux bonnets pendant la grossesse.
À partir du 2ème trimestre il est normal pour la femme de prendre 400g par semaine.
L'utérus s'agrandit d'environ 500 fois sa taille initiale, soit à peu près la taille d'une pastèque.
Lors d'une première grossesse, il est courant que le pied de la femme prenne une taille !
Le deuxième effet Kiss Cool des hormones, c'est que la femme enceinte passe du rire aux larmes sans prévenir... et sans raison.
Temps de gestation des différents mammifères :
Souris : 19 jours
Tigre : 105 jours
Humain : 280 jours
Baleine : 330 jours
Éléphant : 600 jours

La maman

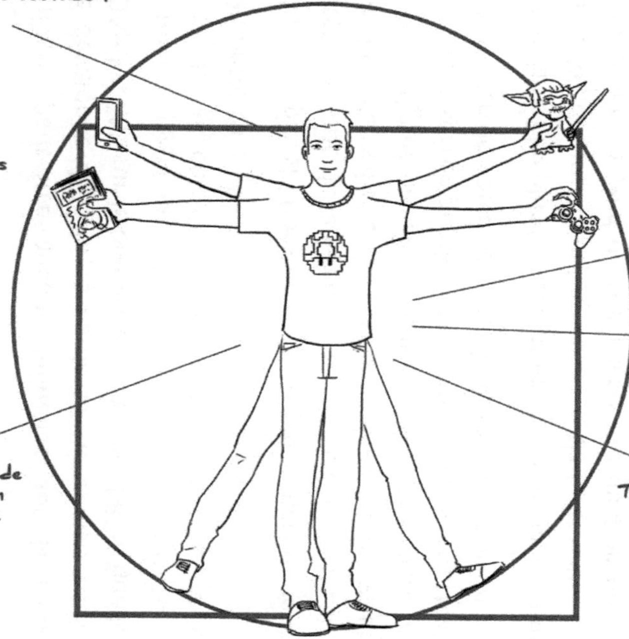
99,9 % des hommes dont la femme est enceinte se verront dire "Alors, tu nous fais une couvade ?"
Le délai habituel pour féconder une femme est de 7 mois.
Alors que seuls 20% des futurs pères sont concernés par ce phénomène.
Âge moyen du premier enfant pour un homme en France : 30 ans.
Contrairement au ventre des femmes, seuls 0,00008% des futurs papas se sont vu toucher les testicules par des inconnus.
Pour le reste, la prise de poids s'explique par un excès de bières et de burgers.
Taux d'hormones pendant la grossesse de sa femme :
Testostérone : -6%
Oestradiol : -8%
Même si la production de spermatozoïdes de l'homme ne s'arrête pas avec l'âge, la qualité des petits soldats diminue avec le temps. Ainsi, la fertilité d'un homme baisse de 2% par an à partir des 24 ans du géniteur.

Le papa

À quoi sert le futur papa pendant la grossesse ?

Bon, Messieurs, on ne va pas se mentir. Physiologiquement, l'homme ne sert qu'à donner le coup de départ de la course à la vie, puis il se contente de vivre tout le processus comme spectateur. Tranquilou. Alors oui, effectivement, on a le beau rôle dans l'histoire, mais pour autant, est-ce qu'on ne sert vraiment à rien pendant neuf mois ? Ce serait une belle erreur de le croire !

Vous n'avez peut-être aucune influence sur la façon dont l'enfant se développe dans le corps de sa mère, mais vous avez un rôle FONDAMENTAL sur le bien-être de la mère ! Rien que le fait de savoir qu'elle peut compter sur votre soutien infaillible lui évitera des zones de stress, et qui sait, cela permettra peut-être d'éviter des complications supplémentaires.

Pour faire simple, si l'homme ne peut pas concrètement améliorer le bien-être physique de la femme enceinte, en revanche, il peut parfaitement le dégrader s'il se comporte mal ! Votre femme va être dopée aux hormones, fatiguée et dans certains cas, nerveusement usée. Il va alors falloir la jouer serrée pendant neuf mois pour ne pas la faire pleurer ou lui faire douter de votre capacité à assurer à la maison.

Alors que faire ? Le plus important est de montrer à la future mère que vous avez le potentiel d'un futur papa. Cela peut vous paraître évident, mais une femme attend de son partenaire qu'il prenne ses responsabilités et qu'il se montre un minimum intéressé par le développement de l'enfant et qu'il donne des signes que le schéma familial sera bien un papa, une maman et un bébé plutôt qu'une maman et deux enfants, un qui vient de naître et l'autre de 360 mois.

Je vais être encore plus direct pour ceux qui ont du mal avec les métaphores, montrez votre potentiel à être un homme, un père, un mari attentif et courageux, plutôt qu'un ado sur le retour ou un carriériste égoïste. Il n'y a rien de pire pour une future mère que de se retrouver en détresse psychologique parce qu'elle a l'impression qu'elle aura misé sur le mauvais cheval. Vu ?

Comment faire ? Je ne doute pas une seconde que vous, mon cher et estimé lecteur, ne soyez pas déjà en phase avec les conseils qui vont suivre, mais bon, ce qui va sans dire va mieux en le disant !

Pour commencer, intéressez-vous réellement au sujet ! Allez avec votre femme chez le gynécologue pour les échographies ! Ce sera l'occasion de voir votre futur enfant et de mettre un peu de concret dans cette aventure qui peut sembler très virtuelle au début. Profitez-en pour poser toutes les questions qui vous passent par la tête ! N'hésitez pas à lire des livres (comme celui que vous tenez en main, *good point* !) et, plus important encore, montrez que vous les lisez. Laissez-les traîner dans la chambre, aux toilettes, dans le salon. Bref, laissez des traces de votre implication ! Vous pouvez aussi laisser nonchalamment une fenêtre de votre navigateur ouverte sur un site de puériculture avec plein d'infos bébés. Pourquoi ? Et bien, pour montrer subtilement que vous êtes bien dans le sujet, et c'est beaucoup plus efficace que de dire : « T'as vu, hein, je lis des *livres* ! » Subtilité mon ami, subtilité !

Pendant toute la grossesse, soyez le Monsieur Muscle de tous les instants ! Besoin de porter une valise, bouger une table, installer un meuble ? C'est à vous de jouer ! Improvisez-vous bricoleur (voire mieux, prenez des cours pour le devenir réellement...) et lancez-vous le cœur vaillant dans l'aménagement de votre logement pour l'arrivée du bébé ! Occupez-vous de la peinture, de monter les meubles, d'installer la déco... même si cette dernière change tous les trois jours parce que finalement, non, ça ne va plus. Oui, je sais, mais en fait non, c'était juste pas possible, tu comprends ? Hi hi.

Vous devrez aussi vous familiariser avec vos nouveaux amis, les catalogues Ikea®, Leroy Merlin®, et autre magasin de puériculture. Il faudra également vous intéresser de près à de nouvelles problématiques fondamentales comme le choix de la poussette (voir plus loin), du lit, du transat et surtout du prénom !

Attention, information importante ! Si vous n'êtes pas mariés ou que vous n'êtes « que » pacsés, je ne peux que vous recommander chaudement d'aller faire un tour à l'état civil de votre ville pour faire une reconnaissance anticipée de votre enfant. Pourquoi ? Pour deux raisons principales. Tout d'abord, cela simplifie les démarches administratives et vous n'aurez pas besoin de courir à la mairie dans les trois jours après la naissance pour déclarer votre enfant. D'autre part, si, hélas, il vous arrivait malheur avant l'accouchement, vous ne pourriez être inscrit comme étant le père de l'enfant. Bien sûr ce n'est pas très drôle de faire ce genre de démarche, surtout si c'est pour se dire « je vais reconnaître mon enfant parce que si je meurs, je veux quand même être officiellement son père »... mais bon, après ça, vous irez vous boire une bonne bière et vous n'y penserez plus ! Il n'y a pas de moment particulier pour effectuer cette démarche, elle peut être réalisée n'importe quand à partir de la déclaration officielle de grossesse et... la naissance !

Les démarches administratives du papa

À compter du lendemain de l'accouchement, vous avez trois jours ouvrés (le samedi et le dimanche ne comptent pas) pour déclarer l'arrivée au monde de votre enfant à la mairie de la ville de naissance. Vous devrez apporter les documents suivants pour que l'inscription se passe bien :

- certificat d'accouchement fourni par la sage-femme (en général) ;
- pièce d'identité des deux parents ;
- copie de l'acte de reconnaissance ;
- le livret de famille si vous en possédez déjà un.

Attention, ne dépassez pas le délai légal pour déclarer votre enfant, après cela il faudra aller au tribunal d'instance et les délais sont particulièrement longs. Pensez aussi à inscrire rapidement votre enfant sous votre Sécurité sociale ou celle de votre femme pour que les soins vous soient remboursés.

Concernant le choix du prénom, vous êtes libre depuis 1993 de faire ce que vous voulez tant que vous ne choisissez pas un nom ridicule, péjoratif ou faisant référence à un personnage déconsidéré par l'Histoire. Bonne nouvelle, vous pouvez lui donner autant de prénoms que vous voulez !
Pour le nom de famille, depuis 2005, les parents peuvent choisir de donner librement le nom de famille du père, de la mère ou des deux accolés (dans l'ordre qu'ils veulent). Attention tout de même : le nom que vous donnerez à votre premier enfant sera obligatoirement le même pour les naissances suivantes.
Pour résumer, si vous vous appelez M. Skywalker et votre femme Mme Amidala, vous pouvez nommer votre fils Luke :

- Luke Skywalker
- Luke Amidala
- Luke Skywalker-Amidala
- Luke Amidala-Skywalker

En revanche, pensez bien à lui dire qu'il a une sœur…

Si vous êtes mariés, vous n'avez pas à vous tracasser de toutes ces considérations, la reconnaissance des deux parents se fait automatiquement.

Résumons, à quoi sert le père pendant la grossesse ? Physiologiquement, à rien. En revanche, psychologiquement, logistiquement, moralement et intellectuellement, vous êtes IN-DIS-PEN-SABLE ! C'est le rôle de votre vie, autant ne pas manquer le premier acte…

Les 10 erreurs de geek à éviter pendant la grossesse

1. Dépenser tout le budget de la famille dans une poussette haut de gamme sous prétexte qu'elle possède une prise USB pour rechercher votre smartphone.
2. Acheter un body connecté parce qu'il peut surveiller les signes vitaux du bébé, alors qu'en réalité il ne sera porté que trois heures une fois par semaine, vu que le reste du temps il sera au sale.
3. Insister pour donner à son enfant un prénom de personnage de jeu vidéo ou de science-fiction qui vous aurait marqué. Oui, parce que Zelda, Batman, ou Anakin, ça sonne peut-être bien sur le papier, mais dans la vraie vie ça va coincer.
4. Créer un compte Facebook® ou Twitter® pour l'enfant à naître et parler à sa place à la première personne. Sauf si bien sûr vous voulez passer pour un gros lourdaud auprès de tous vos contacts.
5. D'ailleurs, en allant plus loin, ne lui créez pas un compte mail et ne lui achetez pas non plus un nom de domaine « juste au cas où quelqu'un d'autre le prenait avant lui ». Sérieusement, on s'en fiche, hein !
6. Se lancer pour la première fois dans un MMO (un jeu en ligne massivement multijoueurs) à trois semaines de l'accouchement. Ces jeux-là sont chronophages et, justement, vous allez sérieusement manquer de temps.
7. Acheter la dernière innovation à la mode aux États-Unis qui permet de changer bébé automatiquement, de lui donner le biberon et lui faire le rot sans intervention humaine (ne cherchez pas, ça n'existe pas...). La technologie vous aidera, mais vous ne couperez pas à vos responsabilités !

8. Installer un système complet de vidéosurveillance connecté à Internet pour vérifier depuis le boulot si la nounou fait bien son travail et pour intervenir en direct *via* des haut-parleurs. Sans rire, ça, c'est même pas geek, c'est juste chelou !
9. Stocker de vieux jeux ou de vieilles consoles pour que votre enfant découvre plus tard les jeux vidéo de manière chronologique. Non seulement ça ne lui apportera rien de constructif, mais en plus il sera en tel décalage avec son époque que, accrochez-vous, ça risque bien de ne jamais lui plaire. Oui, même ce fameux Zelda qui vous a tant marqué quand vous aviez 15 ans. Je sais, c'est un coup dur, mais il faut l'encaisser.
10. Enfin, la plus grosse erreur que vous puissiez faire est de croire que vous ne finirez pas dépassé par les nouvelles technologies comme vos parents. Oui, ce sont bien vos enfants qui vous apprendront, non sans reproches, à vous servir des outils du futur ! Quelle ironie du sort...

Les 7 commandements du papa geek

Avant la naissance de ma fille, j'avais beaucoup d'idées préconçues sur la parentalité. J'en avais une image déformée, un mélange entre ce qu'on peut voir à la télé et ce qu'on entend un peu partout. Quelque temps après mon changement de statut, je me suis rendu compte que toutes les contraintes que je pensais inéluctables ne sont finalement que celles que l'on s'inflige soi-même. J'ose le dire, être papa est même carrément sympa, si on accepte ses responsabilités et que l'on tord le cou à quelques idées reçues.

Voici donc les sept commandements du papa geek auxquels je vous recommande fortement de vous adosser pour une prise en main plus en douceur de votre futur rôle de père. Prenez le temps de méditer sur ces points tant que votre enfant n'est pas né parce qu'après vous risquez d'être un peu trop fatigué pour bien les mettre en œuvre.

1 – Toi-même, ton rôle de père, tu définiras

Pourquoi faudrait-il que ce soit le père qui soit le symbole de l'autorité et des punitions ? Le type pas sympa que l'on appelle comme une menace si l'enfant ne finit pas ses haricots verts ! « Attention, papa va se fâcher si tu continues ». Quelle image cruelle… Et surtout quel enfermement terrible dans un rôle stupidement borné où l'autorité est remplacée par le règne de la terreur. Moi, un tel rôle, je vous le dis tout net, c'est non !

Du coup, comme beaucoup d'autres avant moi, je me suis posé des questions sur quel genre de papa j'allais être. La réponse, finalement, est simple. Soyez vous-même. L'arrivée d'un enfant vous donnera des responsabilités supplémentaires, nécessitera des aménagements, mais en rien cela de vous demandera de vous transformer en un personnage que vous n'êtes pas réellement.

Attention, si au quotidien vous êtes du type ours-ronchon-qui-ne-parle-pas, je vous invite à mettre un peu d'extraits de *Bisounours* dans votre café du matin pour voir un peu plus la vie en rose et être plus en phase avec le bébé. Ce dernier aura besoin d'attention, de paroles douces et d'affection.

2 – En équipe, tu joueras

On dit que l'arrivée d'un enfant est une étape difficile pour un couple. C'est vrai, surtout parce qu'on a beaucoup moins de temps à soi et qu'on peut être rapidement frustré de ne pas pouvoir faire toutes les choses qu'on aimerait. D'où la nécessité absolue de travailler en équipe. Prenez le temps de faire le point avec votre copine/femme/partenaire de Pacs. Comment allez-vous vous organiser ? Qui fait quoi ? Répartissez-vous les tâches de manière juste et équitable, de sorte que chacun puisse faire quelque chose qui décharge l'autre.

Cela peut vous sembler un peu étrange, mais il est hautement recommandé de faire toutes ces choses AVANT la naissance. Définissez à l'avance qui pourra faire quoi et quand en fonction des contraintes de boulot et autre. Plus les choses seront clairement dites et posées en avance, moins la période des premiers mois sera stressante.

Un bon travail d'équipe, avec de l'écoute et de l'entraide, c'est la base pour conserver une relation de couple équilibrée et saine. Échangez, discutez, soyez attentif et tout se passera pour le mieux.

3 – Sur la technologie moderne, tu t'appuieras

Bien sûr, on n'est pas des papas geeks pour rien ! La technologie est là pour vous simplifier la vie, vous faire gagner du temps et vous épargner de l'énergie. Trouvez-vous une bonne poussette, facile d'utilisation et compacte. Achetez des biberons incassables, simples à nettoyer et de bonne qualité. Oubliez le chauffe-biberon, trop lent, un bon micro-ondes, ça fait l'affaire. *Idem* pour les compotes, les petits pots, ça va très bien, mais si vous tenez à tout faire vous-même, achetez un *babycook* et congelez vos recettes. Bref, je pourrais vous citer des exemples pendant des heures... Non, le meilleur conseil que je puisse vous donner est de lire ce livre jusqu'au bout. *Clin d'œil appuyé*

4 – Être égoïste, de temps en temps, tu seras

Pas besoin de vous faire un long discours, il faut savoir de temps en temps lâcher un peu la pression et s'accorder le droit de poser sa veste de parent sur la chaise pour ne penser qu'à soi. Moi, en ce qui me concerne, je joue aux jeux vidéo. C'est ma pause, ma récréation. J'ai le sentiment que j'ai pris du temps pour moi, rien qu'à moi, et ça fait du bien !

Je vous encourage vivement à faire de même. Si vous avez une activité du soir, que vous faites partie d'un groupe de musique ou autre, essayez de vous accrocher pour ne pas laisser tomber. Ça sera dur dans les premiers temps, mais c'est parfaitement réalisable (voir le conseil n° 2) et ça fait du bien ! *Idem*, n'arrêtez pas non plus de sortir avec vos potes de temps à autre... Bref, vous avez saisi l'idée.

5 – Trop de livres, tu ne liras pas

Allez à la Fnac®, ~~Virgin~~® ou sur Amazon® et vous découvrirez au rayon Puériculture un univers incroyable composé d'ouvrages surprenants vous donnant les clés de problèmes dont vous ne connaissiez même pas l'existence. Trop traîner dans ces rayonnages, c'est un peu comme passer tout son temps sur le forum de www.doctissimo.fr : c'est contre-productif ! Car, en réalité, au lieu de trouver un livre intéressant et rassurant (comme celui que vous avez entre les mains), vous allez vous faire peur en découvrant tous les problèmes potentiels qui pourront vous arriver. Je ne dis pas qu'il faut vivre dans l'ignorance, mais disons qu'il vaut mieux miser sur quelques bouquins bien précis que d'en lire trop (comme le mien... vous me le dites, hein, si j'en fais un peu trop), ce qui risquerait de vous embrouiller la tête.

6 – À ton instinct, tu te fieras

Dans la suite du point précédent, lire trop de livres parasitera votre capacité à vous fier à votre instinct. Et pourtant, il faudra souvent que vous fassiez appel à ce dernier ! Comme le dit ma grand-mère, un bébé, ça vient au monde sans mode d'emploi. Mais, heureusement, très rapidement les enfants apprennent à s'exprimer de manière différente en fonction de leurs besoins/problèmes. Certes, les nuances sont subtiles, mais vous apprendrez vite à les reconnaître. Mes enfants, par exemple, lorsqu'ils étaient bébés et qu'ils avaient besoin de dormir, leurs sourcils devenaient rouges. C'est un petit signe, mais c'était assez pratique pour savoir quand ils avaient envie de dormir ! Raisonnez avec logique également, à quand remonte le dernier repas ? La dernière sieste ? La dernière couche ? Si votre enfant est en bonne santé, la liste des choses à vérifier n'est pas très longue de toute manière, alors faites-vous confiance, car vous arriverez rapidement à mettre le doigt sur le cœur du problème.

À noter que malgré tous vos efforts et vos raisonnements logiques, il arriva fatalement un moment où vous serez à court d'idées et que vous paniquerez. C'est normal, ça arrive à tout le monde. Dans ce cas, n'hésitez pas à consulter votre pédiatre pour lui soumettre le problème aussi insignifiant soit-il. Il arrive qu'on ait besoin d'un avis professionnel pour être rassuré ! D'où l'importance, d'ailleurs, de trouver un bon pédiatre !

7 – Patient et affectueux tu seras

Certaines nuits, surtout au début, vous ne dormirez pas beaucoup. Il faudra par moments que vous berciez votre enfant pendant de longues minutes, voire plusieurs dizaines de minutes pour qu'il puisse se rendormir. Vous serez fatigué, mais il faudra garder la tête hors de l'eau. Soyez patient et courageux. Le brouillard du début s'estompe rapidement. En quelques semaines un premier rythme s'installe et vous pourrez alors réguler plus facilement votre fatigue. N'ayez pas peur non plus de montrer vos sentiments, de faire des câlins à votre enfant, de le prendre dans vos bras, de sentir l'odeur de ses cheveux ou la douceur de sa peau.

Oui les mecs, on peut être un homme et être sensible à ces petits détails qui apportent beaucoup plus de joie qu'on ne peut l'imaginer. Ces petits riens du quotidien sont des doses massives de bonheur gratuit dont il faut absolument abuser !

42 bonnes raisons d'avoir un enfant

Je connais des jeunes hommes, biens sous tous rapports, qui ont une peur bleue de faire des enfants et qui cherchent à tout prix à faire un tableau comparatif des avantages et des inconvénients avant de se lancer. Alors, si vous êtes un peu de ce genre-là, voici 42 bonnes raisons de faire un enfant.

WARNING : cette liste présente de sérieux problèmes d'objectivité. Mais c'est ça aussi la vie de parent…

1. Vous êtes génétiquement programmé pour faire des enfants, c'est dans votre ADN et ça vous rendra heureux.
2. Si c'est un garçon, vous pourrez faire un super duo de déguisement Dark Vador et Luke Skywalker !

3. Si c'est une fille, vous pourrez faire un super duo de déguisement Dark Vador et Leia Skywalker ! (Oui, ça marche aussi.)
4. Vous pourrez enfin recevoir un cadeau à la fête des pères, *YES* ! À vous les dessins tout moches et les colliers de nouilles qui font super plaisir pour de vrai !
5. Vous aurez une excuse parfaite pour ne pas aller à une soirée : « Ah tu sais, c'est un peu dur en ce moment avec le petit. Je viendrai la prochaine fois. »
6. Ou vous aurez une excuse parfaite pour partir tôt d'une soirée pourrie : « Bon, je suis désolé, on va y aller, mais tu vois, il est vraiment trop fatigué. Il faut qu'on aille le coucher. Navré, hein ! »
7. Vous pourrez enfin jouer à nouveau aux Lego® sans qu'on ne vous dise rien.
8. Vous retournerez au théâtre... Bon pour voir le spectacle de T'Choupi ou Dora, mais ça compte quand même !
9. Vous aurez l'occasion de dire : « De mon temps, les dessins animés n'étaient pas aussi débiles ! » Alors qu'en fait, c'est faux... Mais le déni de réalité fait partie du bénéfice de l'âge.
10. Vous aurez des coéquipiers toujours prêts à jouer à *Mario Kart* avec vous.
11. Croyez-le ou non, vous serez au summum de votre sex-appeal en poussant la poussette.
12. Voire encore plus en lui donnant le biberon dans un lieu public.
13. Vous avez enfin le droit d'acheter ce monospace plein de gadgets qui vous fait rêver depuis longtemps.
14. Vous deviendrez enfin un super-héros... En tout cas aux yeux de votre enfant.

15. En plus de ça, votre carrière d'humoriste à domicile va sérieusement décoller avec un public certes jeune, mais conquis d'avance.
16. Si votre truc, c'est la magie, le moindre tour un peu bidon aura un effet *waouh* !
17. Vous vous ferez plein de nouveaux copains avec les autres papas du quartier pour remplacer tous ceux que vous ne verrez plus.
18. Vous connaîtrez enfin la joie immense de retrouver votre enfant le soir qui court vers vous en criant « papaaaaaaa !! »
19. Vous aurez de nombreuses occasions de tester les limites de votre patience. Ça peut toujours servir.
20. Vous aurez un petit côté Indiana Jones passionnant en racontant vos dernières mésaventures de couches qui fuient et de vomi sur la moquette.
21. Vous serez le Wikipedia® de votre enfant qui vous regardera avec des étoiles dans les yeux tellement vous savez tout. Et en plus, vous pourrez discrètement checker sur le vrai Wikipedia® la réponse sans vous faire griller.
22. Vous aurez une nouvelle excuse pour regarder à nouveau la trilogie *Star Wars* (je suis de la vieille école, 1, 2 et 3, ça ne compte pas), *Retour vers le futur* ou *Le Seigneur des anneaux*. Si ça, ce n'est pas une sacrée bonne nouvelle !
23. Vous aurez aussi l'occasion de prononcer des phrases mythiques uniquement réservées aux parents comme « Ne mets pas de haricots verts dans ton nez ! » ou « Non, ne fais pas pipi dans la gamelle du chat ! »
24. Vous goûterez au bonheur sans pareil du square pour enfants dans lequel, comme tout jeune papa qui se respecte, vous aurez terriblement peur que votre enfant s'y casse les dents, mais aussi terriblement envie de monter sur les jeux qui sont pourtant clairement interdits aux plus de 12 ans.

25. Vous ne ferez plus la queue pour prendre un taxi puisque vous serez prioritaire. Mauvaise nouvelle en revanche, votre enfant devra s'asseoir sur vos genoux et ne sera absolument pas en sécurité. De fait, vous ne prendrez plus de taxi… et c'est peut-être bien ça, la bonne nouvelle.
26. Votre femme aura de gros seins. Voilà, c'est dit...
27. En plus vous pourrez goûter au lait maternel directement à la source.
28. Vous pourrez recycler de vieux scénarios de films, de livres ou de jeux vidéo au moment de l'histoire du soir et passer pour le boss de l'imagination.
29. Vous achèterez pour son anniversaire le train Lego® qui vous faisait de l'œil depuis longtemps, puis vous direz en lui offrant : « Attends, tu sais, je vais te montrer comment on y joue pour que tu comprennes bien, hein. »
30. Vous aurez toujours une bonne raison d'aller chez Ikea®.
31. D'ailleurs, vous en profiterez pour aller visiter la Suède qui est parfaitement adaptée à la vie de famille.
32. Vous aurez acheté ce livre (OK, ça, c'est plutôt une bonne nouvelle pour moi).
33. Vous pourrez créer un blog grâce à votre nouveau domaine de compétence.
34. *Gah beu di bou !**
35. Vous aurez l'impression d'être dans les *Sims*.
36. Si vos potes n'ont pas encore d'enfant, vous passerez pour le daron et vous gagnerez en respect.
37. Vous retrouverez ce qu'est le bonheur de la sieste.

*Vous apprendrez une nouvelle langue.

38. Vous redécouvrirez le monde à travers les yeux de votre enfant.
39. Et vous verrez qu'il est fait de petits bonheurs simples qui vous rempliront de joie.
40. Vous arrêterez de penser à vous et vous relativiserez vos petits problèmes.
41. Vous aurez mille occasions de chanter avec votre enfant des comptines aux paroles parfois douteuses.
42. Vous comprendrez enfin le sens de la vie, l'univers et le reste.

Si, avec toutes ces bonnes raisons, vous n'êtes toujours pas rassuré et suuuuuper motivé à faire un enfant, c'est que vraiment je ne peux rien faire pour vous... Mais continuez quand même à lire, on sait jamais vous pourriez encore changer d'avis.

Le matos des futurs parents

Faire un enfant est un acte naturel qui, dans la plupart des cas, ne nécessite aucune intervention extérieure. C'est encore l'une des rares choses de ce monde que chaque humain est capable de faire soi-même ! Mais une fois que le bébé est arrivé, vous allez avoir besoin de beaucoup de matériel pour l'accueillir correctement ! Bien sûr, il faut toujours garder en tête que notre race d'homo sapiens a traversé les millénaires sans jamais savoir ce que sont qu'une poussette, un mouche-bébé, des couches, un lit-parapluie ou encore des biberons. Aujourd'hui encore, partout sur la planète, de nombreux parents n'ont pas les ressources dont nous disposons dans notre vie d'Occidentaux chanceux.

Ceci étant dit, il faut reconnaître que porter son enfant à bout de bras toute la journée n'est pas ce qu'on a fait de plus pratique. Donc, oui, si l'on peut s'acheter l'équipement du parfait jeune parent, autant le faire. Et justement, de quoi avez-vous besoin ? Je vous propose ici une liste, un genre de kit, qui vous permet de couvrir l'essentiel des besoins standard pour la première année de vie de l'enfant. Plus loin, vous trouverez une seconde liste d'objets dits « fausses bonnes idées » que je vous recommande de ne pas acquérir ni même d'utiliser pour diverses raisons.

Portrait robot du jeune parent (source Insee)

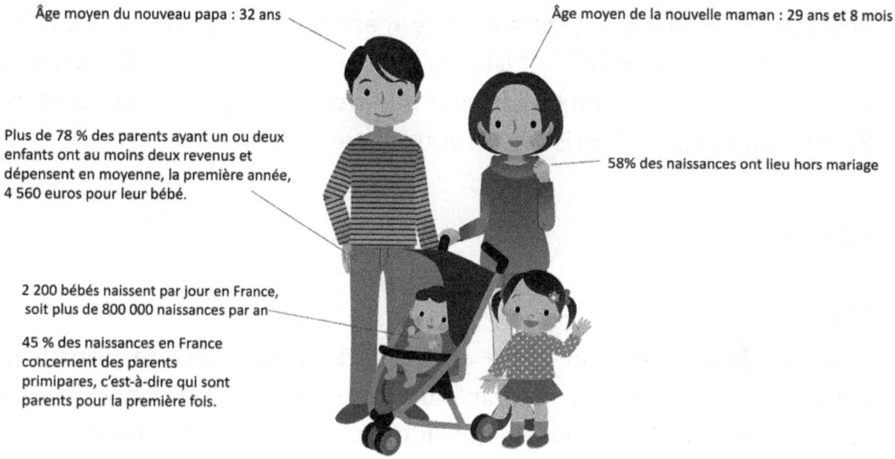

Plaisir de papa geek : le *benchmark* !

Il y a un trait de caractère que tous les geeks que je connais ont en commun : nous n'achetons jamais rien sans avoir fait au préalable une étude comparative plus ou moins poussée. Même quand il s'agit d'acheter le dernier iPhone® et que vous avez déjà eu tous les autres, vous irez lire un comparatif pour voir si le nouveau modèle est effectivement plus performant que l'ancien voire que la concurrence, et pourquoi, et comment. On fait ça pour tous les achats... On lit des essais, on compare des notes et des avis. Bref, on mène notre petite enquête avant de donner nos sous ! Ce processus est plus ou moins long en fonction des achats et des personnes (j'ai un copain qui peut passer deux mois à hésiter pour acheter un appareil photo), mais une chose est sûre, il fait partie intégrante du plaisir d'achat ! Choisir, penser, hésiter, tester, comparer... quel bonheur ! À tel point que finalement acheter, c'est moins drôle et un peu déprimant.

Bonne nouvelle, en devenant parent, vous allez multiplier les occasions de faire du *benchmark* ! Vous pourrez passer à loisir des heures entières à feuilleter des catalogues, à naviguer sur des sites Internet ou à faire des tours en boutique pour trouver le bon baby-phone, l'appareil de cuisson qui va bien, la poussette de vos rêves, le siège auto idéal, j'en passe et des meilleures. Alors bon, vous préféreriez peut-être hésiter encore entre la PlayStation® ou la Xbox®, entre la carte-mère Asus® ou Gygabyte®, le téléphone iOS® ou Android®… Mais voilà, les temps changent ! Désormais, vous passerez plus de temps à hésiter au rayon lait en poudre et couches. Et vous savez quoi ? Ça risque de vous plaire !

Le kit dodo

Le lit

À partir du moment où votre enfant sera né, son activité principale consistera avant tout à dormir. Aussi, prévoir une chambre la plus confortable possible et un lit douillet est essentiel ! En parlant de ce dernier, vous opterez pour un lit à barreaux classique, de préférence avec une hauteur de sommier réglable pour ne pas vous briser le dos tout de suite. Dans un premier temps, laissez tomber les mobiles à placer au-dessus du berceau qui fait de la musique. Votre enfant n'en a pas besoin pour s'endormir, au contraire, c'est une gêne plus qu'autre chose. Le temps du sommeil est sacré, l'enfant doit s'endormir au calme et dans le noir ! Vous aimeriez, vous, dormir avec une boule à facettes qui fait du bruit ? Bon, bah voilà !

```
            //-------------------------//
            //--Un lit bien normé !--//
            //-------------------------//
{
Un lit bébé aux normes répond à des chiffres très précis.
L'espacement des barreaux ne doit pas dépasser 6 cm. La
profondeur minimum du lit (hauteur entre le matelas et
le haut du lit) doit être au moins de 50 cm. Le lit ne
doit pas présenter d'éléments de décoration en relief
qui pourraient se détacher et étouffer le bébé. Enfin, la
peinture doit être de bonne qualité pour ne pas s'effri-
ter en cas de mâchouillage par l'enfant.
}
```

Le matelas

Un bon matelas est essentiel pour une bonne nuit de sommeil. Ça sonne comme un vieux slogan publicitaire, mais c'est vrai pour vous, comme pour votre enfant. Le petit loulou aura besoin d'un matelas ferme, mais surtout bien adapté à la taille du lit. Sans vouloir vous forcer la main, l'enseigne Ikea® vend des matelas pour les enfants avec un bon rapport qualité/prix. D'ailleurs, tant que vous êtes à changer de literie, pensez aussi à vous ! Vous aurez besoin d'un repos salvateur, alors, si vous avez les moyens, offrez-vous un nouveau matelas de super top qualité. Vos nuits seront toujours aussi courtes, mais au moins le peu que vous dormirez sera agréable !

Le petit truc en plus

Comment savoir si le matelas que vous avez choisi est bien adapté au lit de votre enfant ? Fastoche, vous ne devez pas pouvoir passer plus de deux doigts entre le matelas et les barreaux du lit. Si c'est le cas, parfait. Autrement, il y a un risque que votre bébé se coince la tête dans ce trou.

Tour de lit : oui ou non ?

Les dernières recommandations pour le couchage des enfants déconseillent d'utiliser un tour de lit. Les risques évoqués sont que l'enfant s'étouffe en se coinçant la tête contre le tour de lit et, quand il est assez grand pour se lever, qu'il ne s'en serve comme une échelle pour sortir du lit. Maintenant, il faut reconnaître qu'un lit à barreaux sans tour de lit n'est pas ce que l'on fait de plus confortable... À vous de voir !

La turbulette ou gigoteuse

Oubliez la couette Spiderman ou Hello Kitty pour un bébé, ce dernier ne dort que dans un genre de sac de couchage que l'on appelle turbulette ou gigoteuse. Vous installez l'enfant à l'intérieur, ses bras et sa tête restant dehors. Il sera bien au chaud et en toute sécurité. Si vous trouvez ça trop confortable et que vous vous demandez si on fait la même chose pour adulte, et bien aussi incroyable que cela puisse paraître, la réponse est oui... Tapez donc « turbulette adulte » dans Google® et vous n'aurez que l'embarras du choix. Après, faut assumer !

Le transat

Quand il n'est pas dans son lit, un bébé passera beaucoup de temps dans un transat. Si vous n'êtes pas familier avec le terme, disons que c'est un genre de premier siège. Là encore, il faut vraiment choisir la bonne option, car il y passera beaucoup de temps, au même titre que vous avez probablement choisi un fauteuil de ministre super confortable pour faire de l'ordi. Sans vouloir faire de la publicité, je vous recommande très chaudement le transat haut de Bébé Confort® qui offre plusieurs avantages tactiques. D'abord, votre enfant ne passe pas sa journée le nez dans la poussière au ras du sol, ensuite il est à votre hauteur ce qui permet de ne pas se briser le dos ! Vous pouvez aussi le mettre à côté de vous pendant que vous êtes à table ce qui le fait participer à la vie de la maison. Et enfin, vous pouvez le bercer tout en travaillant sur l'ordinateur, ce que j'ai fait pour mes deux enfants pendant de longues heures…

Le baby-phone

Je me suis posé beaucoup de questions sur l'ajout ou non du baby-phone parmi les accessoires de base du nouveau parent. Clairement, cet objet qui sert à entendre si votre bébé pleure dans son lit pendant que vous regardez la télé ou que vous mangez avec des copains au salon, ne sert qu'a quelques occasions. Certains parents se servent de cet objet tout le temps mais, franchement, ce n'est pas utile, car vous allez développer une oreille digne d'un Super-Héros capable de percevoir le moindre bruit suspect au milieu de la nuit. En revanche, il est vrai que dès que la chambre est un peu éloignée, ou que vous n'êtes pas chez vous, le baby-phone est utile. Optez pour un modèle assez basique, pas besoin de vous ruiner avec des modèles haut de gamme qui n'apportent pas grand-chose en plus que la fonction de base. Et la vidéo ? Si vous êtes vraiment très angoissé sur le sujet, ou très geek, faites-vous plaisir, mais ça ne fera aucune différence !

Pro-tip

J'ai découvert que l'on peut convertir un baby-phone filaire en baby-phone nomade assez facilement. Si ce dernier est alimenté par une prise mini ou micro-USB, alors vous pouvez y brancher une batterie de secours que vous utilisez habituellement pour votre smartphone, et hop !, vous pouvez vous balader tranquillement !

```
//-------------------------------------//
//--Faut-il avoir peur des ondes ?--//
//-- (Wifi, mobile, micro-ondes…)  --//
//-------------------------------------//
{
```

Puisque tout le monde n'est pas forcément fan de physique, voici un petit résumé de la situation. Les ondes électromagnétiques sont nombreuses et variées. Elles n'oscillent pas toutes à la même fréquence, et la plupart d'entre elles sont inoffensives pour le vivant. On peut d'ailleurs les classer dans deux grandes catégories, les ionisantes (méchantes) et les non-ionisantes (gentilles). Mais qu'est-ce donc que la « ionisation » ? Lorsqu'une onde ou un rayonnement est très puissant, il est capable de déposer de l'énergie dans la matière qu'il traverse. Plus exactement, il permet aux électrons qui composent les atomes de se soustraire de ces derniers, créant alors des ions. Le terme « ionisant » signifie donc que le rayonnement créé des ions dans la matière qu'il traverse, et ça, c'est globalement mauvais puisque, à haute dose, cela va causer de sérieux dommages sur les êtres vivants. À l'inverse, les ondes dites non-ionisantes ne sont pas assez puissantes pour modifier le cœur de la matière qu'elles traversent. Tout ce qu'elles font, le plus souvent, c'est chauffer la matière.

Micro-ondes, Wifi, téléphone : aucun danger !

Passons aux ondes qui intéressent le plus grand monde, celles que l'on pointe du doigt depuis une dizaine d'années : les ondes de nos appareils électroniques. Allons tout de suite à la réponse, vous ne craignez absolument rien à avoir un (ou plusieurs) appareil(s) émettant des ondes électromagnétiques dans votre maison. La catégorie des « micro-ondes » qui vont

```
d'une fréquence d'1Ghz à 300 GHz (les fours micro-ondes,
certains téléphones portables, les téléphones sans fil, les
détecteurs de mouvements, les radars ou encore le Wifi) a
pour seul effet de chauffer le corps. Les « ondes radio » dont
la fréquence va de 100 kHz à 1 GHz (les téléphones portables,
les télévisions, les émetteurs radio) sont, elles, capables
de chauffer le corps humain sur une épaisseur d'1 cm. Et ? Et
c'est tout. Il n'y a aucun danger puisqu'il n'y a aucun effet
direct sur la matière. Tout cela peut sembler inquiétant,
mais dans les faits tout va bien, vous êtes en sécurité.
}
```

La barrière de sécurité

Ce n'est pas réellement un accessoire pour coucher votre enfant, mais il s'agit d'un élément de sécurité important qu'il faut considérer le moment venu. Si vous avez des escaliers chez vous, vous pourriez être tenté d'installer une barrière de sécurité. Ce serait d'ailleurs une bonne chose que de le faire, mais attention, installez-la correctement ! Le problème de la barrière c'est que, si elle est mal fixée ou mal fermée et que l'enfant s'appuie trop fortement dessus, elle s'ouvrira faisant tomber par la même occasion votre enfant dans les escaliers. La barrière n'est pas obligatoire (je n'en ai jamais installé pour mes enfants), mais si vous prenez cette option alors faites en sorte que le bricoleur qui dort en vous soit bien réveillé lors de l'installation ! Sinon, il n'y a pas de honte à demander de l'aide à quelqu'un de plus compétent… juste pour cette fois. Promis, personne ne se moquera.

Le kit bon appétit !

Nourrir son enfant est loin d'être un acte anodin puisque ce que vous lui donnez à manger, et la façon dont vous le faites, auront des conséquences directes sur son développement. Dans les premiers temps, le petit ne boira que du lait, et si votre femme allaite, alors vous n'aurez pas trop de questions à vous poser ni de matériel à acheter. En revanche, viendra bien assez tôt le moment du lait artificiel et de la nourriture solide. C'est là que votre rôle s'étoffera !

Le lait

Au cas où vous ne seriez jamais sorti de votre grotte depuis vos 15 ans (sait-on jamais), sachez qu'un bébé, ça boit du lait. Bonne nouvelle pour votre porte-monnaie, il existe une source presque infinie de lait gratuit, toujours à la bonne température et parfaitement adapté aux besoins de l'enfant pas plus loin que dans les seins de sa mère. Le choix de l'allaitement est propre à chacun, mais, à mon sens, il faut au moins se poser la question. Lorsque vous passerez au lait artificiel, c'est-à-dire au lait de vache transformé avec de nombreux nutriments, vous devrez sortir dans le froid et la pluie pour l'acheter au supermarché… ou à la pharmacie de garde si c'est dimanche et que vous êtes vraiment en galère. Et ça finira par vous arriver un jour ou l'autre ! Il existe plusieurs marques de lait artificiel qui sont toutes très réglementées et donc qui se valent aussi bien les unes que les autres. Le prix change, et c'est peut-être le critère le plus important. J'ai découvert récemment la marque Milumel® qui propose du lait bio moins cher que le lait classique chez d'autres concurrents. Je pense que ça vaut la peine de s'y intéresser, mais je vous laisse libre de faire comme bon vous semble. En revanche, interdiction totale de lui donner directement du lait normal en bouteille, c'est bien trop gras !

Un an de lait en chiffres

Durant sa première année de vie, votre enfant boira (s'il n'est jamais allaité) environ 1 290 biberons soit 225 litres d'eau auxquels vous aurez ajouté 7 500 petites cuillères de lait pour un total de 37,5 kg de poudre. Au bout d'un an, votre enfant ne pesant pas 250 kg, je vous laisse deviner où passe le surplus de lait. Bon appétit.

Le matériel de cuisine

En cuisine, lorsque vous jouerez les chefs trois-étoiles pour bébé impatient, vous aurez besoin de matériel de cuisson adapté. À partir de 4 ou

5 mois (c'est le pédiatre qui vous donnera le *go*), votre enfant commencera à manger purées et compotes. Pour conserver les nutriments des aliments, on recommande aux parents de cuisiner vapeur. Du coup, vous devez cuire et mixer les aliments, ce qui peut être fait dans un robot pour bébé comme le babycook de Beaba® que je ne saurais que trop vous recommander. Pourquoi ? Parce que c'est petit, pratique et bien pensé, ce qui vous permet de gagner du temps et de ne pas sortir trop de matériel pour préparer à manger !

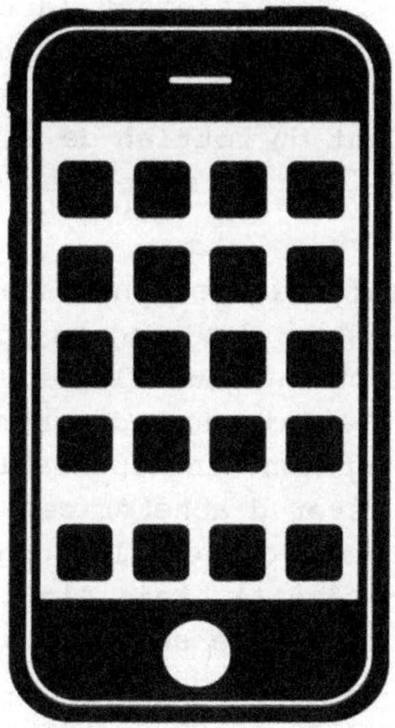

Autres technologies à utiliser au quotidien

Dans les années soixante, il n'y avait pas de tablettes, pas de dessins animés, pas de jeux vidéo, pas de machines intelligentes pour faire à manger automatiquement, pas de façon simple de faire le ménage, la vaisselle ou la lessive. Et pourtant, nos grands-parents ont réussi à élever des enfants. Mais à quel prix ? Le schéma habituel de l'époque nécessitait que l'un des deux parents sacrifie sa carrière, généralement la mère, pendant dix ans ou plus. Aujourd'hui, non seulement les mentalités ont changé (ce qui est une bonne chose), mais surtout les parents bénéficient du soutien de la technologie pour leur facilité la vie… et il faut s'en servir !

Le congélateur

Avant d'avoir des enfants, le congélateur du Frigo® sert essentiellement à générer des glaçons pour les cocktails, refroidir les bières ou une bouteille en express et conserver les glaces. Dès la naissance du premier, cette partie du Frigo® devient carrément indispensable à tel point que vous en viendrez à rêver d'acheter ces frigos à l'américaine avec un pan entier dédié à la congélation (enfin, en tout cas, moi, j'en rêve !). Mais alors, qu'est ce qu'il y a de si important à mettre au congélateur ? À peu près tout. Si votre femme décide de tirer son lait, il faudra le congeler pour pouvoir le conserver plus longtemps. De la même manière, vous y stockerez les petites purées ou soupes réalisées pour votre bébé. Mais aussi tous les ingrédients qui font gagner du temps comme des petits pois surgelés, des oignons, des herbes, du poisson ou de la viande, des fruits et, bien sûr, des glaces.

La cuisson induction

Il existe différentes technologies de plaques de cuisson, qui permettent de faire chauffer vos aliments plus ou moins rapidement. La moins efficace étant la bonne vieille plaque électrique à qui il ne faut pas loin de dix minutes pour faire bouillir un litre d'eau. La cuisson au gaz n'est guère plus rapide, comptez neuf minutes pour le même résultat. En revanche, l'induction, c'est magique ! Le pouvoir des aimants permet de faire bouillir un litre d'eau en quatre minutes trente, soit deux fois plus vite ! Quand la vie n'est qu'une question de *timing* et que votre enfant pleure parce qu'il attend son repas, être capable de cuire deux fois plus vite est un bénéfice merveilleux ! Comment savoir si vos casseroles et poêles sont compatibles à l'induction ? Retournez-les et essayez de coller un aimant sur leur base. Il tient ? Gagné ! Il tombe ? Perdu.

Les robots culinaires

D'une manière générale, je suis partisan de tout ce qui libère les mains et fait gagner du temps. Les robots culinaires sont essentiels dans notre vie de parents au quotidien. À la maison, nous utilisons presque tous les jours le babycook pour les plats du bébé, le robot Artisan de KitchenAid® pour râper des carottes (et autres), ou encore le robot mixeur Magimix® pour émincer ou broyer des tas de choses ou faire des smoothies. Nous avons également une presse qui nous sert, surtout en été, à faire de bons jus. Bien sûr, il serait tout à fait possible de s'en passer, mais le temps gagné avec ces outils est considérable. Si vous n'avez pas le budget pour ces gadgets, faites vous en offrir à Noël, pour votre anniversaire ou *via* une liste de naissance !

Les courses sur Internet

Si vous n'avez pas la chance d'être un travailleur indépendant, il y a fort à parier que vous serez dans l'obligation de faire vos courses alimentaires comme tout le monde, le samedi. Mais, franchement, vous avez vraiment mieux à faire que de traîner dans un centre commercial avec votre enfant. La vie est trop courte pour perdre son temps dans une file de caisse bondée. Profitez du fait que vous pouvez maintenant faire très simplement vos courses sur Internet et vous faire soit livrer à domicile, soit récupérer les commissions directement au *drive*. Cela ne vous coûtera pas plus cher, et ça vous fera gagner un temps considérable. Alors n'hésitez pas !

Les bavoirs

Prévoyez des bavoirs, plein, trop même ! En fait, vous n'aurez jamais trop de bavoirs. Un bébé, osons le dire, c'est pas franchement tout mignon, tout propre ! Entre les rejets, le nez qui coule, la bave, et la nourriture qu'il se met partout, vous passerez beaucoup de temps à le nettoyer. Un bavoir est donc un allié de taille. Il existe certains modèles qui sont plus des combinaisons intégrales antisalissure (genre le tablier ultime qui recouvre même les bras), mais ils sont longs à installer et vous pourrez rapidement en avoir marre. Rien de tel qu'un bon vieux lange en coton pour essuyer tout ce qui dépasse ! Prévoyez-en beaucoup parce que même si vous les lavez souvent, ils finissent par moisir un jour ou l'autre, alors autant avoir du stock !

Les biberons

À partir du moment où vous passez au lait artificiel, vous allez devoir donner des biberons... plein de biberons ! Des centaines de biberons durant toute la petite enfance de votre bébé. Pour autant, vous n'utiliserez pas énormément de biberons différents. Au commencement, les doses seront inférieures à 125 ml de lait, ce qui peut être donné avec de petits biberons. Puis, dès que vous dépassez cette quantité, optez pour des biberons qui vont jusqu'à 240 ml. En France, le bisphénol A, un plastique dangereux, est interdit dans la composition des biberons, ce qui veut dire que vous pouvez acheter ce qu'il vous plaira. Je vous recommande de ne pas acheter trop de biberons, trois maximum par taille, afin de ne pas vous retrouver avec des dizaines de bouteilles sales à laver à la fin de la semaine. La marque Philipps Avent® est robuste et assez facile à laver avec une éponge (ça compte, car c'est un geste que vous allez faire autant de fois que vous donnerez de lait à votre enfant !) et dont les tétines sont plutôt de bonne facture. Ces dernières seront à changer régulièrement, disons tout les trois ou quatre mois, car votre enfant les percera à force de les mâchouiller.

Les tétines

En France, elles portent de nombreux sobriquets ridicules comme totottes, sucettes, tututes ou que sais-je. À l'étranger, notamment en

Angleterre ou au Canada, on est beaucoup plus pragmatique puisque les tétines s'appellent respectivement « pacifier » (le pacificateur) ou le silencieux. Et il faut avouer que c'est bien à ça que ça sert ! Quand il est petit, votre enfant à un gros besoin de succion. Si vous ne voulez pas lui donner de tétine, ce qui est tout à fait respectable comme choix, il faudra lui donner un truc à téter avant qu'il ne trouve son pouce. Et devinez ce que cela peut être ? Votre petit doigt. C'est curieux à dire, mais j'ai passé de longues heures avec mon petit doigt dans la bouche de ma fille quand elle était petite en attendant qu'elle trouve son pouce. Mon fils, lui, a eu droit à une tétine assez rapidement. Au final, la tétine est plus simple à gérer à condition que vous en ayez toujours au moins trois propres d'avance et que vous investissiez dans un fil qui évite que la tétine ne tombe au sol. Quoi qu'il en soit, sachez, d'une part, qu'une tétine ne remplacera jamais un repas, et que, d'autre part, elles ont rapidement tendance à disparaître et qu'il faut en acheter régulièrement.

L'info beurk

La tétine (comme le pouce d'ailleurs) est un véritable nid à microbes. D'après une étude suédoise très sérieuse, lorsque la tétine d'un bébé tombe au sol, plutôt que de la laver, il faudrait qu'un des parents la suce avant de la rendre à l'enfant. Cela permettrait alors au bébé d'avoir les microbes et les soldats pour les combattre grâce à la salive. Voilà, vous savez… La prochaine fois que la tétine tombera sur le sol bien sale du parking du supermarché, vous n'aurez qu'à la lécher et la rendre à votre enfant. Miam miam !

Le kit qui sent pas bon

L'hygiène de votre enfant est une priorité absolue ! Fini le temps de Louis XIV où l'on avait peur de l'eau et où l'on ne se lavait pas pour éviter les infections (bonjour les odeurs !). Vous devrez laver votre enfant régulièrement, mais aussi lui prodiguer toutes sortes de soins qui nécessitent pas mal de matériel spécifique.

Est-ce que je peux redonner ce bout de nourriture que mon enfant a fait tomber par terre ?

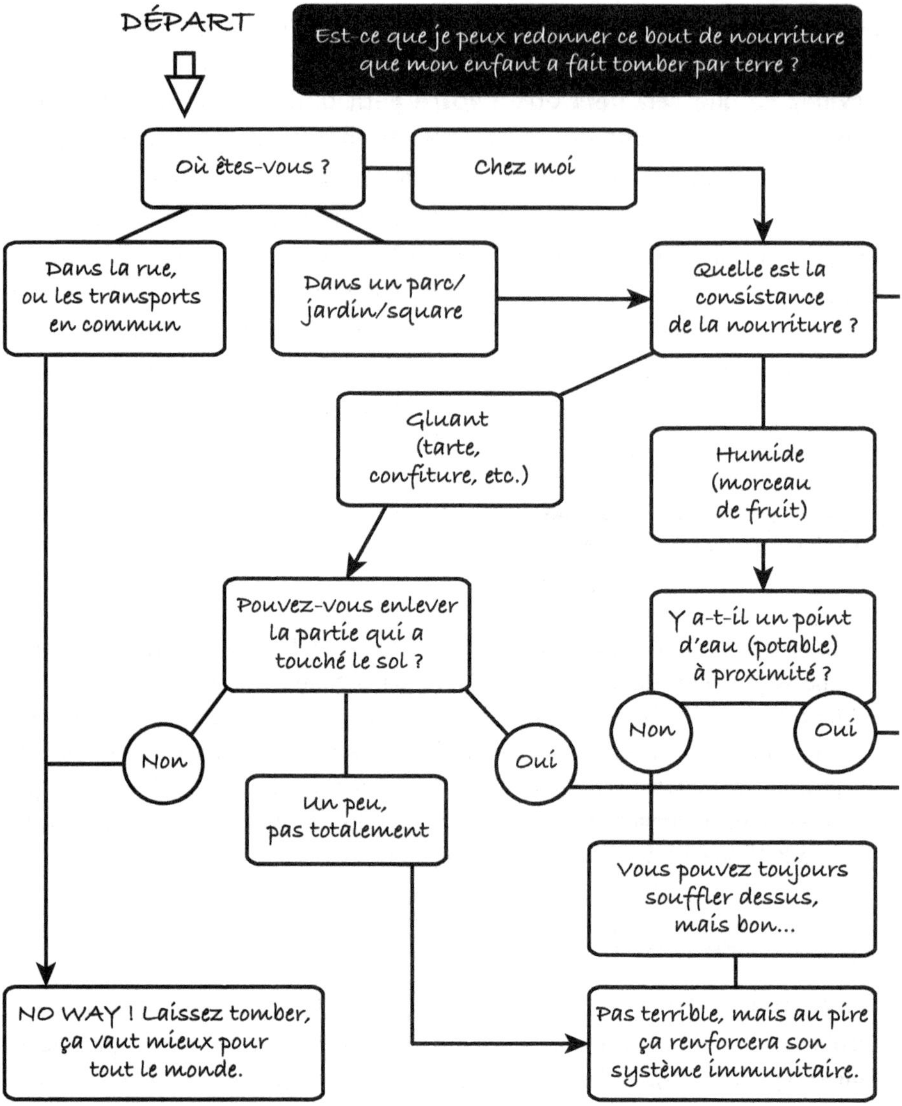

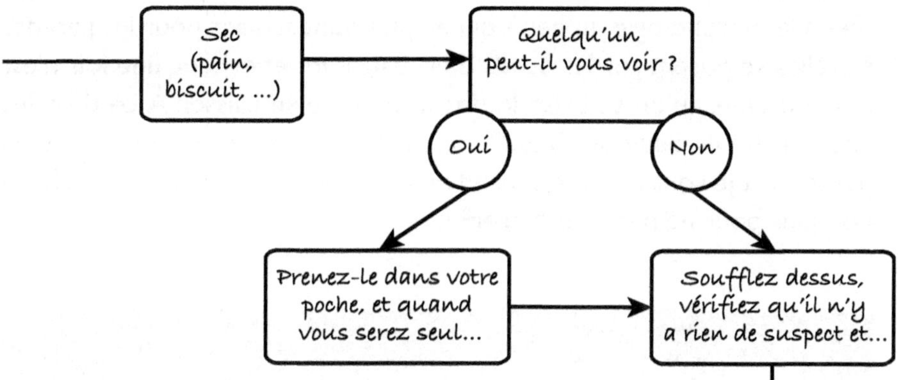
Sec (pain, biscuit, ...)
Quelqu'un peut-il vous voir ?
Oui
Non
Prenez-le dans votre poche, et quand vous serez seul...
Soufflez dessus, vérifiez qu'il n'y a rien de suspect et...
Rincez un bon coup, et...
OK go, bon appétit !

La baignoire

Si vous avez l'occasion d'accompagner votre femme pendant les premiers bains de votre enfant à la maternité, faites-le, car c'est probablement l'une des activités les plus anxiogènes à faire avec un nouveau-né. Tous les parents se disent qu'ils vont casser leur bébé en deux ou qu'il risque de se noyer à la moindre inattention… et, en réalité, c'est vrai ! Donc, s'entraîner à la maternité avec des gens compétents autour de vous, c'est BIEN. De retour à la maison, je vous recommande d'opter pour une baignoire spécifique plutôt que de le baigner dans un évier, ce qui n'est franchement pas pratique. Il existe des baignoires bien pensées et adaptées à la morphologie du bébé, qui en plus sont sympas pour les parents, car elles se posent sur les bords de la baignoire et évitent, une fois n'est pas coutume, qu'on se brise le dos à force de se baisser. À ce titre, les baignoires OK Baby de Onda® sont volumineuses, mais vraiment bien pensées, et je vous les recommande chaudement…. enfin pas trop chaud non plus pour ne pas vous brûler[2].

```
//------------------------------------//
//--Que faire si mon enfant se noie ?--//
//------------------------------------//
{
Personne n'a envie que ça arrive, mais si c'est le cas,
il est plus sage de savoir ce qu'il faut faire avant
d'être confronté à la situation. En cas de noyade de
l'enfant, sortez-le de l'eau et placez-le le ventre sur
vos genoux, la tête face vers le sol. Appelez rapidement
le Samu ou les pompiers (15 ou 18) et, en attendant leur
arrivée, appuyez fortement trois ou quatre fois sur le
dos de votre enfant pour faire sortir l'eau. S'il ne
respire pas, il faut pratiquer le bouche-à-bouche et un
massage cardiaque. Pour plus d'informations concrètes,
regardez cette vidéo : http://bit.ly/1LNTalf
}
```

2. Poum Poum Chim ! *What a joke!*

Les couches

Les couches sont sans conteste l'élément jetable dont vous disposerez le plus durant toute la période « non-propre » de votre enfant. C'est un budget qui pèse lourd sur les ressources familiales et qui n'est pas sans conséquences sur l'environnement. Sachez qu'avant la naissance vous pouvez d'ores et déjà acheter un paquet de couches naissance, ou opter pour des couches lavables. Ces dernières sont en tissu et possèdent une partie amovible (lavable ou jetable) qui absorbe les productions de votre enfant. Elles coûtent assez cher au départ, nécessitent une logistique plus importante, mais permettent de faire des économies sur la durée.

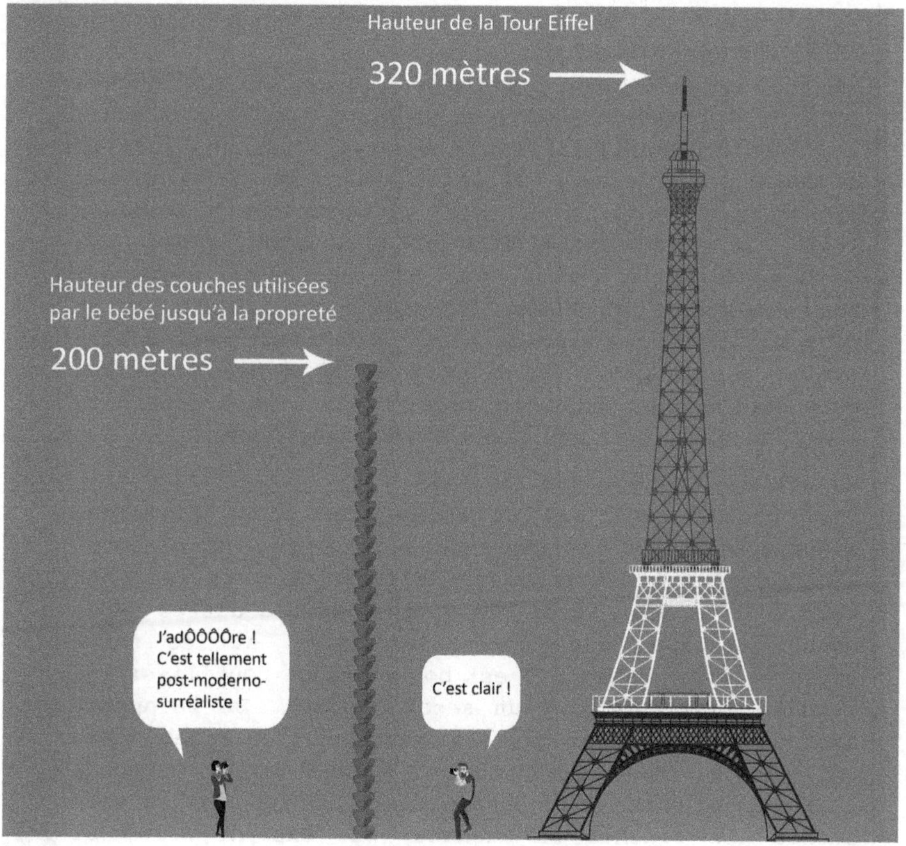

Couches vs Tour Eiffel

Soyez un papa écologeek !

4 000, c'est le nombre de couches nécessaires à un bébé, de sa naissance à sa propreté vers 2 ans et demi. Cela représente un budget d'environ 1 200 euros, et entre 500 et 800 kg de couches sales. Pas mal pour un si petit être, non ? D'un point de vue écologique, les couches jetables sont une plaie pour l'environnement. Leur fabrication nécessite du bois, de l'eau et du plastique. On estime que pour une couche jetable, il faut environ une tasse de pétrole qui servira à fabriquer le plastique qui la compose. Pour chaque enfant, la fabrication de ses couches aura nécessité environ 3 arbres, 73 m^3 d'eau et 16 kg de plastique issus d'environ 40 kg de pétrole !

Une fois qu'elles sont parties à la poubelle, les couches jetables continuent d'être un problème. Laissées à l'air libre en décharge, il leur faut cinq cents ans pour se dégrader. Incinérées, elles émettent du CO_2 (environ 550 kg pour toute la période) et contribue à acidifier l'air. Le volume annuel mondial de couches usagées est de 20 milliards d'unités, soit 635 couches par seconde !

Pour améliorer ce bilan difficile, vous pouvez opter pour des couches jetables partiellement biodégradables (selon les marques, entre 40 % et 90 % des matériaux sont écologiques), qui ne coûtent d'ailleurs généralement pas plus cher que les couches classiques.

Le dilemme des couches lavables

Les couches lavables, si elles sont bien utilisées, peuvent être un véritable coup de pouce pour la planète. Pour cela, il faut repenser la façon dont on fait ses machines. Il faut laver les couches avec d'autres vêtements, utiliser une température basse, et les faire sécher à l'air libre. Il est bon aussi de réutiliser les couches en tissu pour un second enfant. En revanche, si vous ne respectez pas ces consignes, le bilan énergétique et environnemental est équivalent aux couches classiques, voire pire dans certains scénarios (si vous séchez les couches en machine, par exemple). Pas si simple d'être un bon écolo !

Et le reste alors ?
En France, chaque habitant produit en moyenne 350 kg de déchets par an. Et ça ne s'arrange pas quand on devient parent. Entre les couches, les petits pots, les boîtes de lait... Comment améliorer la situation ? D'abord, sachez que le déchet le plus recyclable est celui qu'on ne jette pas, voire qu'on ne consomme pas ! L'allaitement permet de faire l'économie du lait en poudre. Lorsque vient le moment des repas pour votre enfant, préparez-lui des purées à l'avance que vous congèlerez en doses. Ces quelques idées vous permettront déjà de réduire le gaspillage et contribuer à ce que notre planète ne termine pas comme dans *Wall-e*.

Les crèmes

C'est fou comme la couleur des fesses de bébé est un sujet passionnant pour les jeunes parents ! Il faut dire que, d'une manière générale, la santé de son enfant n'est pas quelque chose qui s'aborde à la légère. Or il arrive souvent bien des malheurs au petit popotin de bébé qui, reconnaissons-le, baigne toute la journée dans les urines et les selles (*oh yeah* !). Du coup, les fesses sont capables de développer une superbe gamme de couleurs, enfin essentiellement un camaïeu de rouges qui va du rose pâle au rouge très vif. Tout ça pour dire que vous devrez prévoir au moins une crème de change, c'est-à-dire une crème très épaisse et très hydratante qui le soulagera efficacement.

La table à langer

Changer son enfant n'est pas la tâche ingrate et dégoûtante qu'on imagine. OK, vous aurez par moments de véritables bombes atomiques à nettoyer dont la simple odeur vous piquera les yeux. Mais au-delà de ça, c'est un moment plutôt sympa que l'on passe en tête à tête avec son enfant. D'autant que si vous êtes joueur, vous aimerez le côté « pochette-surprise » de l'ouverture d'une couche... (oui, il faut savoir trouver le positif même dans ce genre de situations). Pour que le change soit une expérience la moins désagréable possible pour le parent, je ne peux que vous recommander d'avoir une table à langer dans un meuble dédié. Ce dernier devra être sécurisé et robuste pour éviter toute chute de l'enfant. Pensez aussi au matelas, indispensable pour le changer, qui n'est souvent pas inclus dans le prix. La table à langer est un peu comme le cockpit d'un avion, vous devez pouvoir accéder d'une seule main – l'autre étant occupée à maintenir les petites jambes de bébé en l'air, tandis qu'il essaye désespérément de mettre les mains dans sa production encore tiède – à tous les ustensiles et accessoires dont vous aurez besoin. Pensez-y au moment de l'achat !

Le thermomètre

La température de votre enfant est bien souvent le seul signal d'alarme que vous aurez pour voir que quelque chose ne va pas, ce qui est particulièrement essentiel dans les premières semaines de vie ! 39° C de température chez un bébé de 3 semaines, c'est grave, et il faut probablement partir aux urgences, de fait vous devez avoir un thermomètre à la maison ! Pas besoin de dépenser tous vos deniers, un simple thermomètre rectal électronique fera parfaitement l'affaire. Libre à vous d'acheter un thermomètre de compétition, comme les ThermoScan auriculaires de Braun® dont la gamme de prix oscille entre 47 et 180 euros. À vrai dire, ce sont les seuls à être réellement fiables. Les thermomètres sans contact pour une mesure frontale donnent des résultats trop aléatoires, il faut souvent faire une deuxième vérification avec un modèle classique. Alors, soit vous investissez vraiment dans un modèle de gamme, soit vous restez sur un thermomètre simple !

```
            //------------------------//
            //--La fièvre en chiffres--//
            //------------------------//
{
La température normale d'un bébé est comprise entre
36,5° C et 37,5° C. On considère qu'il a de la fièvre
lorsque la température dépasse les 38° C. Jusqu'à 38,5°
C, et tant que le comportement de l'enfant n'est pas
anormal, une dose de Doliprane® fait souvent bien l'af-
faire. Si la température ne baisse pas, qu'elle dépasse
les 39° C ou que l'enfant est très agité, appelez rapi-
dement votre pédiatre ou allez aux urgences ! Dans tous
les cas, si la fièvre, même faible, dure plus de deux
jours, passez un petit coup de fil à votre pédiatre.
}
```

Le thermomètre utile

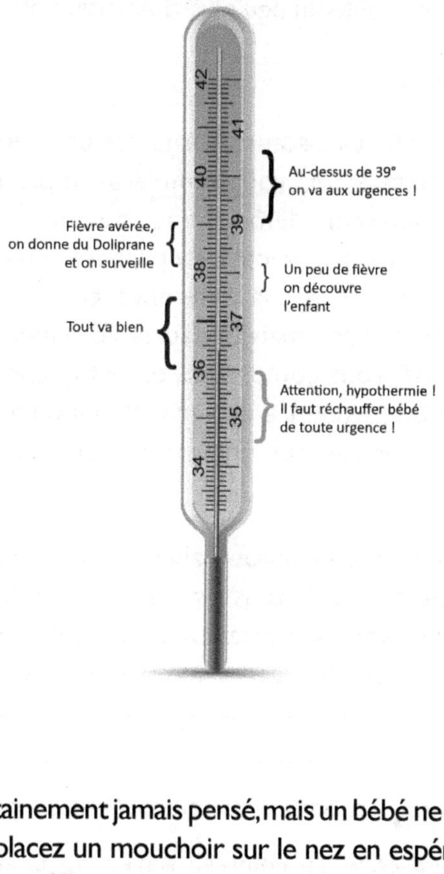

Le mouche-bébé

Vous n'y aviez certainement jamais pensé, mais un bébé ne sait pas se moucher. Lorsque vous lui placez un mouchoir sur le nez en espérant qu'il souffle, au mieux, son premier réflexe sera de manger le papier. Il faut admettre que votre enfant ne semble pas trop dérangé par un nez qui coule puisqu'il ne se plaindra jamais de sa petite vie autarcique d'autoalimentation muqueuse, comprenez que sa morve lui coule dans la bouche sans qu'il ne bronche. Mais voilà, moucher bébé est essentiel, car les sécrétions passent dans les bronches et quand il y en a trop, c'est la bronchiolite, et ça, c'est franchement pas fun (tapez « kiné respiratoire bébé » dans Google® et vous verrez des vidéos qui vous donneront envie de moucher votre enfant). Par conséquent, l'utilisation d'un mouche-bébé (*aka* l'aspirateur à morve) est très fréquente. Il existe deux types de modèles, le mouche-bébé manuel dont l'aspiration est effectuée à l'aide d'un tuyau qu'on a dans la bouche, et la version électrique. Le premier est pratique, car il vous permet de partager le rhume de votre enfant (sympa !), mais pour une action efficace vous ne pouvez compter que sur le second. OK, ça coûte un peu plus cher, mais c'est bien plus pratique.

Le kit *on the move*

Transporter son enfant et son matériel est un enjeu majeur pour les jeunes parents, car plus cela vous semblera simple, plus vous serez en capacité de vous déplacer. Même si vous ne sortez pas trop, la simple idée de pouvoir le faire sans avoir à s'y préparer une semaine à l'avance vous soulagera l'esprit. C'est la différence entre « je ne peux pas le faire » et « je peux le faire, mais je décide volontairement de ne pas le faire, parce que bon, vous comprenez, on est quand même bien mieux chez soi, hein ». Pour atteindre ce véritable nirvana (oui, on se satisfait de peu), il faut bien penser son équipement en amont.

La poussette

Dans le genre accessoire incontournable, la poussette fait office de référence. Elle sera votre alliée de tous les jours... ou votre pire ennemie ! Le choix de la poussette est si important (notamment parce qu'elle coûte une fortune) que je lui dédie un encadré complet un tout petit peu plus loin.

Comment trouver la bonne monture (enfin, poussette) ?

La poussette va être le nouveau moyen de transport de la famille et, très rapidement, elle pourra devenir aussi bien votre meilleure alliée que votre pire ennemie. Avant la naissance de ma fille, je n'avais aucune idée des critères importants pour choisir la poussette si ce n'est la compacité du modèle pour qu'il puisse rentrer dans le coffre de la voiture. Après deux enfants, je vois très clairement ce qui fait une bonne ou une mauvaise poussette. Continuez votre lecture et vous devriez réussir à acheter votre poussette sans vous tromper !

Le magasin, un endroit trop parfait

Commençons par mettre les choses au point tout de suite, les magasins de puéricultures comme Aubert® et compagnie sont pratiques puisque vous pouvez essayer de nombreux modèles différents, mais ils ne reflètent en aucune manière la réalité du terrain à laquelle vous serez confronté tous les jours. Vous allez essayer votre poussette flambant neuve sur une belle moquette bien lisse sans le moindre obstacle. Idéalement, il faudrait que les magasins puissent proposer un genre de parcours de simulation de rue avec des pavés, des obstacles à contourner (poubelles, poteaux…), des trottoirs à gravir et enfin des escaliers à monter ou à descendre. En magasin, vous pourrez tester des paramètres comme le pliage ou la compacité du modèle, mais pas sa capacité à être confronté au monde cruel de l'urbanisme qui n'a que faire des poussettes. Alors si vous avez la possibilité, demandez au vendeur si vous pouvez faire un tour dans la rue avec la poussette… sinon faites preuve d'imagination en boutique !

Poussette-canne ou poussette trio ?

Quelle différence entre les deux ? La première est ce que l'on fait de plus basique : un siège, deux poignées, quatre roues et vous voilà parti. Cette poussette se plie et se déplie facilement, ne prend pas de place, ne pèse rien et bien souvent ne vous coûtera pas grand-chose. Bref, elle est idéale en ville… mais elle ne convient qu'aux enfants capables de s'asseoir seuls, vers 8 mois. La poussette trio, elle, accompagne l'enfant dans son évolution puisque, comme son nom l'indique, elle propose trois modes de fonctionnement : la nacelle (de la naissance à 2-3 mois environ), le cosy (de 2 mois à 6-8 mois) et la poussette-canne (dès que l'enfant peut s'asseoir seul, jusqu'à plus soif). À noter que les deux premiers font également office de sièges auto la plupart du temps. En revanche, une fois que vous serez passé à la poussette-canne, vous devrez avoir un siège auto. La poussette trio est généralement bien plus volumineuse, et vous coûtera souvent plus de 500 euros.

Pliage et dépliage

Plier/déplier la poussette est probablement l'une des actions que vous effectuerez le plus et, assez naturellement, c'est ce que l'on teste en premier dans le magasin. Pour plus de réalisme, le véritable test du pliage/dépliage devra se faire à une seule main, si possible votre main opposée à celle que vous avez l'habitude d'utiliser, et encore mieux en portant un pack de bouteilles d'eau sous le bras. Ça peut vous sembler un peu ridicule – et franchement vous aurez l'air un peu ridicule –, mais au moins vous saurez si, oui ou non, cette poussette est facile à ouvrir ou fermer. Au passage, vérifiez aussi si les poignées sont réglables en hauteur pour s'adapter à la morphologie de chaque parent.

Opérable à une main ?

Autre paramètre que l'on ne prend jamais la peine d'essayer, cette poussette est-elle parfaitement manœuvrable d'une seule main ? Il arrivera forcément un moment où vous aurez besoin d'utiliser l'une de vos deux mains pour (entourez la réponse qui convient) : vous curer le nez, répondre à texto, finir une partie d'*Angry Birds*. À ce moment-là, il faut que la poussette puisse garder son cap sans vous emmener dans le décor en zigzaguant dangereusement. Là encore, le test se fait facilement en boutique en essayant de suivre une ligne droite d'une seule main, puis en essayant de prendre des virages. Si vous n'y arrivez pas après deux ou trois essais, autant vous le dire, c'est mal barré.

Taille des roues et centre de gravité

Pour finir, parlons technique… La taille des roues est un paramètre loin d'être anodin puisqu'il conditionnera le confort de conduite et la capacité de la poussette à se jouer de son environnement. Pour faire simple : petites roues, ça secoue, grosses roues, ça passe partout. Plus le diamètre des roues est élevé, plus vous pourrez passer trottoirs et autres chemins pavés sans sourciller. En revanche, qui dit grosses roues dit volume plus important. Vous naviguerez alors bien moins facilement dans des espaces étroits comme des couloirs de métro, de bus, etc. Par ailleurs, le centre de gravité de la poussette est un bon indicateur sur sa capacité à franchir les trottoirs ou, à l'inverse, à buter sur le moindre obstacle et donc à vous massacrer les tibias (histoire vécue…). Plus le centre de gravité est vers l'avant, moins la poussette est capable de se soulever seule pour franchir un obstacle. À l'inverse, si le poids est plutôt réparti sur les roues arrière alors l'avant se lèvera facilement et vous vous promènerez en ville comme un as !

Le lit-parapluie

Quand vous vous déplacez et que votre enfant est trop grand pour continuer à dormir dans la nacelle de sa poussette, vous utiliserez un lit-parapluie. Cet objet possède la double faculté intéressante de faire dormir les bébés tout en donnant des cauchemars aux parents. Pourquoi ? Parce que tant qu'on n'a pas compris comment s'ouvre et se ferme un lit-parapluie, on peut y passer de très longues minutes d'une interminable souffrance. Ce lit pliant tient son nom du fait que son ouverture ressemble vaguement à un parapluie et qu'il prend peu de place une fois rangé. Les modèles de base que l'on trouve dans n'importe quel hypermarché ne sont pas très onéreux, en revanche, il existe des lits plus élaborés et bien moins lourds qui raviront les plus *hypes* des jeunes parents. Mention spéciale au lit BabyBjörn® qui est aussi léger qu'une plume et très simple à installer et à ranger !

Le sac à langer

Un sac à langer est une besace qui contient tout le matériel nécessaire au change du bébé lorsque vous êtes en déplacement. Un simple sac à dos fera parfaitement l'affaire, mais maintenant sachez qu'il existe des sacs dédiés qui offrent de nombreux rangements et possèdent même un petit tapis pour ne pas poser bébé n'importe où.

Le porte-bébé

Le porte-bébé est un terme générique pour parler de tous les objets qui permettent de transporter son enfant sur soi plutôt que dans une poussette. Pour faire simple, vous trouverez deux technologies qui se font concurrence : l'écharpe de portage et le porte-bébé « sac-à-dos ». L'écharpe, comme son nom l'indique, est une grande étole qui permet de tenir l'enfant tout contre soi à la manière des mères africaines. Il faut un peu de temps et d'entraînement devant des vidéos YouTube® pour piger le truc, mais une fois que vous avez le coup de main, c'est plutôt pratique. Le porte-bébé, lui, est un système qui s'apparente plus à un sac-à-dos en cela que vous avez un système de bretelles qui font porter le poids de l'enfant sur les épaules du parent. L'enfant se glisse alors dans une poche qui peut être positionnée devant, derrière ou même sur le côté. Quelle que soit votre méthode de prédilection, je vous recommande vivement d'avoir au moins une solution de portage dans votre arsenal de jeune parent, car cela permet de continuer à faire sa vie tout en berçant l'enfant si jamais il a du mal à s'endormir ou s'il a des problèmes de digestion. Dans ces premiers moments de vie, votre bébé aura le besoin physiologique très réel d'être en contact avec ses parents, le portage permet cela sans trop se fatiguer !

Le siège auto

Le choix du siège auto est une aventure à part entière, car il faut essayer de trouver le bon ratio entre sécurité et prix. Si vous optez pour une poussette trio qui possède une nacelle et un cosy, vous n'aurez pas tout de suite besoin du siège auto puisque ces deux accessoires peuvent s'installer en toute sécurité dans la voiture. En revanche, choisir son siège demande de s'intéresser et de comprendre les nombreuses normes de sécurité en vigueur. Jusqu'à très récemment, les sièges auto étaient classés en fonction du poids de l'enfant, désormais ils le sont en fonction de sa taille. L'enfant sera dos à la route jusqu'à ses 15 mois (ce qui n'est franchement pas du tout pratique lors des longs trajets), et l'utilisation des normes de fixation Isofix est quasiment obligatoire. Le problème, c'est que la norme Isofix n'est entrée en vigueur que depuis 2011 chez les constructeurs de voiture et que n'aurez pas toujours le choix que d'utiliser un siège à l'ancienne. Si vous avez les moyens et que vous êtes sérieux sur le sujet de la sécurité, je vous recommande les sièges « boucliers » comme ceux de Kiddy® qui offrent une protection totale ! Je ne vous recommande pas non plus les sièges « coup du lapin » hyper *low cost* vendus en grande surface. Le siège auto est un budget important, mais la vie de votre enfant n'a pas de prix. Pensez-y !

```
//-----------------------------------//
//--Le passeport des sièges auto--//
//-----------------------------------//
{
Fabriquer un siège auto nécessite de respecter des
normes drastiques. Chaque siège possède ses propres
caractéristiques et ces dernières sont inscrites sur
son passeport d'homologation. Il s'agit d'un rectangle
orange portant plusieurs mentions.

Leur norme
R44 ou 129R (cette dernière est la nouvelle génération
devenue obligatoire).

Leur compatibilité
Universal (convient à tous les véhicules, car il
s'accroche avec la ceinture de sécurité) ou i-Size
(la nouvelle norme pour Isofix, elle aussi devenue
obligatoire).

À quel enfant ils conviennent
La norme R44 affiche une fourchette de poids (ex. : entre
9 et 18 kg) alors que la nouvelle norme 129R affiche une
fourchette de taille (ex. : entre 67 et 105 cm) et un poids
maximum indicatif (ex. : supérieur ou égal à 18 kg).
En lisant cette fiche, impossible de se tromper !
}
```

Le kit rapidement trop petit

Il y a une erreur que commettent de nombreux parents à propos des vêtements de leurs enfants, notamment lorsqu'ils sont petits : la taille indiquée ne doit pas être considérée comme l'âge à partir duquel vous pouvez lui mettre l'habit, mais l'âge jusqu'auquel il sera bien dedans ! Soyons clairs, si votre enfant a 3 mois, mettez-lui du 6 mois. Quand il aura atteint ses 6 mois, vous passerez au 9 mois et ainsi de suite. Si vous lui donnez du 3 mois quand il a 3 mois, vous aurez toutes les chances de l'habiller trop petit et donc de le gêner dans ses mouvements, et ça c'est mal !

Les premiers habits

À moins que vous ne disposiez d'une collection impressionnante de peaux de bêtes dans votre grenier, vous risquez bien de devoir acheter, ou récupérer, des vêtements pour votre bébé. Lors de l'accouchement, l'enfant sort du ventre de sa mère nu comme un ver (rappelons-le à toutes fins utiles), se fait coiffer d'un affreux bonnet, puis on lui met ses premiers petits vêtements. Il est donc important d'avoir prévu de quoi le vêtir pour la maternité. Dans le commerce, vous trouverez des « kits naissance » dont la taille est adaptée au bébé. Ces kits sont intéressants, mais méfiez-vous, car bien souvent les bébés naissent assez grands et taillent directement du 1 mois. Ainsi, si vous n'avez pas prévu le coup, vous serez bon pour un peu de shopping ! La maternité vous dira ce que vous devez apporter, mais tablez sur un body, un pyjama et éventuellement des petits chaussons pour ses petits pie-pieds trop meugnons.

Les bodys

Si vous n'avez jamais approché de près ou de loin un bébé depuis votre propre petite enfance, il est possible que vous n'ayez aucune idée de ce qu'est un body. Il s'agit d'un t-shirt qui s'attache également au niveau des fesses et qui couvre toute la partie haute du corps. Les bodys se salissent vite, car ils sont le premier rempart anti-fuite au niveau des couches. Pour être plus clair, un body blanc ne le reste pas longtemps ! Avant la naissance, prévoyez donc un tas de bodys en taille naissance, 1 mois et 3 mois. Pour être à l'aise, votre enfant doit légèrement nager dans son body, pensez donc à lui mettre la taille ou une demi-taille au-dessus.

Les pyjamas

Comme les bodys, les pyjamas se salissent vite et il faut en avoir plusieurs sous la main pour ne pas avoir besoin d'aller dépenser vos maigres économies en pyjamas le jour de la naissance. Il existe plusieurs modèles de ces petites choses, dont certains laissent clairement à penser que leur inventeur déteste les parents au vu de la complexité des boutons-pressions. Préférez les modèles qui se ferment sur le devant, car ils sont bien plus simples à enfiler à l'enfant (qui râle) et son parent (qui maudit ces boutons à la noix !). L'autre modèle, c'est le pyjama qui se ferme à l'arrière et qui nécessite plus de manipulations, car il faut retourner l'enfant pour pouvoir le fermer. J'insiste encore une fois sur le fait qu'il ne faut pas prévoir trop petit, prenez une taille au-dessus pour que votre bébé soit bien libre de ses mouvements !

Le kit du jeu (pas vidéo)

Il faut du temps avant qu'un bébé ne s'intéresse aux jouets, inutile de lui acheter tout de suite des Lego® ou des Playmobil® Spiderman contre Dr Octopus, il n'en fera rien, si ce n'est les regarder vaguement avec un air… de bébé. En revanche, passé le premier mois, vous pourrez lui donner des choses basiques pour l'aider à développer son toucher, ou stimuler son regard avec un mobile que vous placerez sur son transat (mais jamais dans son lit ! Le lit, c'est pour dormir, pas pour jouer !).

Les doudous

Votre famille, vos amis, vos collègues… bref tout le monde en fait vous offrira des doudous en espérant au fond de lui que c'est le sien qui deviendra LE doudou ! Donc pas besoin d'en acheter, vous n'en aurez que trop. D'autant que votre enfant ne s'y intéressera pas avant la fin de sa première année. On conseille aux parents de ne pas placer les doudous dans le lit pour éviter tout risque d'étouffement. Je ne sais pas vous, mais moi ça me semble être une bonne idée !

Le tapis d'éveil

Vers 2 mois environ, à valider avec le pédiatre, vous pourrez mettre votre enfant sur un tapis d'éveil. D'abord toujours sur le dos, puis progressivement sur le ventre pour l'aider à se muscler. Ne le laissez pas trop longtemps sur le tapis, notamment parce qu'il s'écrasera un peu l'arrière du crâne. Même si c'est normal, il faut faire en sorte qu'il ne soit pas trop plat !

Les jouets qui font du bruit

N'achetez pas de jouets qui font du bruit, là encore des personnes pourtant bien intentionnées se feront une joie de vous offrir des créatures improbables qui font toutes sortes de bruits et qui sont revêtues de matières différentes. Si personne ne vous offre ce genre d'objet, mais sincèrement j'en doute, vous pourrez en acheter un pour stimuler votre enfant. Il est possible que le jouet lui plaise, comme il se peut qu'il ne s'y intéresse pas du tout !

Dois-je vraiment acheter tout ça ?

Toute cette longue liste peut vous paraître impressionnante, et vous êtes en droit de vous dire qu'avoir un enfant risque de vous coûter bien plus cher que prévu. Alors il me faut vous rassurer un peu. D'abord, vous n'êtes pas obligé de TOUT acheter. À vous de faire le tri parmi les éléments dont vous pensez pouvoir vous passer dans un premier temps et de miser sur l'essentiel. Ensuite, vous n'êtes pas obligé de TOUT acheter… NEUF ! Renseignez-vous sur les brocantes et les vide-greniers de votre région, vous y ferez des affaires formidables pour trois francs six sous. Optez également pour Leboncoin.fr® pour trouver des objets plus rares et encore une fois pas trop chers. Enfin, notez aussi que vous n'êtes pas obligé de TOUT acheter… tout court ! À moins d'être le premier couple de la famille à faire un enfant (pas de bol !), vous aurez toujours la possibilité de récupérer des affaires à droite, à gauche. Profitez-en, voir abusez-en, car c'est la meilleure manière de préserver votre budget… et la planète !

Achievement unlocked : Papa Full Set !

Vous venez de débloquer le badge Papa Full Set, un père qui est parfaitement équipé pour l'arrivée de son enfant ! Bravo !

http://monpapaestungeek.fr/badgeslivre/papa-full-equip.jpg

Bad move : ce qu'il ne faut PAS acheter !

La société de consommation vous pousse à acheter toujours plus, à vous équiper des dernières nouveautés et en matière de puériculture, il y a toujours de quoi remplir son panier ! Mais certains objets sont à l'utilité douteuse, quand ils ne sont pas tout simplement dangereux ! Voici une petite liste des objets à ne pas acheter. Je ne cible pas un fabricant en particulier, mais des types d'objets qui, à mon sens et celui des autorités compétentes, sont au mieux dispensables, au pire dangereux. À noter que tout objet est potentiellement dangereux s'il est mal utilisé, ou s'il incite le parent à assouplir sa vigilance.

Le trotteur

Un trotteur est un genre de siège avec des roulettes qui permet aux enfants de s'asseoir en position debout et de se promener dans la maison avant de savoir marcher. Ils se propulsent en poussant le sol avec leurs pieds. En France, ces objets sont interdits en crèche et chez les assistantes maternelles, et ils sont totalement déconseillés par… et bien à peu près tout le monde si ce n'est les vendeurs. Pourquoi ? Les raisons sont multiples ! Le principal problème est le risque majeur d'accident domestique. Dans son trotteur, l'enfant ne maîtrise ni sa direction ni sa vitesse, or il peut se propulser étonnamment vite ! Il pourra donc très facilement se cogner contre un meuble, faire chuter un objet sur sa tête voire carrément tomber dans les escaliers. Aux États-Unis, on recense pas loin de 5 000 accidents par an avec des trotteurs. D'autre part, les fabricants prétendent que les trotteurs aident à l'apprentissage de la marche. Hélas, des études ont prouvé que c'était précisément le contraire, quand l'objet ne déforme tout simplement pas le bassin de votre enfant. Donc, globalement, c'est un gros NON !

Le chauffe-biberon/stérilisateur

Pendant de nombreuses années, les pédiatres recommandaient aux parents de stériliser les biberons et les tétines avant de s'en servir. Aujourd'hui, on s'est rendu compte que non seulement c'était parfaitement inutile, mais en plus ce n'était pas rendre service à l'enfant qui a besoin de gober des bactéries pour se faire une défense immunitaire efficace (tout est relatif, ne lui donnez pas une tétine qui a roulé dans la poussière !). Pour autant, il existe encore des parents qui pensent qu'il faut le faire et qui vont donc investir dans un stérilisateur. Oubliez, c'est inutile ! Le chauffe-biberon n'est utile que si vous donnez du lait maternel en biberon à votre enfant, sinon un micro-ondes est largement suffisant.

Le berceau automatique

Au risque de passer pour quelqu'un de fermé, je dois dire que je ne porte pas une grande affection envers ce genre de produits. Le berceau automatique est, comme son nom l'indique, un berceau qui va balancer automatiquement votre enfant. C'est, ni plus ni moins, que l'instrumentalisation de la démission du parent. Vous avez fait des enfants pour les confier à une machine ? Ils ont besoin de vous, pas d'un truc automatique qui les berce sans amour, ni chaleur humaine. Vous voulez avoir des problèmes de lien affectif avec votre bébé ? Utilisez donc un berceau automatique ! Je peux vous paraître un peu extrême, mais vraiment, je ne vois pas ces objets d'un bon œil... et pourtant j'aime le concept de se simplifier la vie. Mais là, non. Juste, non.

L'anneau de bain

Le bain est un moment de joie et de jeu très sympa tant qu'il ne devient pas un véritable danger. Il existe dans le commerce divers accessoires pour permettre au bébé de s'asseoir dans la baignoire et libérer les mains des parents. Certaines baignoires sont très utiles (voir précédemment), mais d'autres sont bien plus dangereuses. C'est le cas des « anneaux de bain » et « sièges de bain » qui permettent trop facilement à l'enfant de basculer ou de glisser et de se retrouver vite sous l'eau. Le risque, c'est alors le manque d'attention du parent qui est sorti de la pièce quelques instants et que, pendant ce temps, l'enfant se blesse ou se noie. Donc on choisit une bonne baignoire bien sécurisée et on ne laisse jamais son enfant seul dans le bain ! Sans blague, votre téléphone qui sonne peut bien attendre cinq minutes !

Combien ça coûte un bébé ?

« Ouuuuuh le mauvais père qui fait son radin et qui voudrait bien savoir combien lui coûte son enfant ! » C'est ce que vous pensez en culpabilisant tout en transpirant à l'idée de vos finances qui fondent devant tous les achats à effectuer ? Et bien sachez qu'ici vous ne serez pas jugé : les quelques lignes qui suivent pourraient bien vous aider à préparer intelligemment votre budget.

Quel budget global ?

Bon alors, justement, faut-il prévoir un crédit pour tout financer ? Est-ce plus économique de créer une machine à voyager dans le temps pour placer un euro sur un compte en banque au début du siècle pour avoir de quoi payer le lait et les petits pots à notre époque ? (Si vous savez faire ça, contactez-moi rapidement. Merci !) En réalité, tout dépend de vous ! Pour ceux qui ont le portefeuille sensible, arrêtez de lire maintenant. Si vous optez pour toutes les options les plus chères, c'est-à-dire en n'achetant que des produits de marque, en ne préparant jamais la nourriture vous-même et que vous prenez une nounou, alors la première année de vie de votre enfant vous coûtera environ 11 775 euros. Voilà. C'est dit. Vous êtes encore là ? En optant pour des solutions plus intelligentes, un peu d'huile de coude et si vous avez une place en crèche, le budget passe à 5 755 euros. C'est déjà mieux ! Bien sûr, le poste le plus onéreux est le système de garde et il faut admettre que ce dernier est plus souvent subi que choisi, en particulier pour ce qui est d'avoir une place en crèche. Pour plus d'info sur les systèmes de garde, comment les choisir, ou encore quelles sont les aides auxquelles vous avez droit, avancez de quelques pages pour trouver toutes les réponses à vos questions.

La France, médaille de bronze du coût de garde

Pas de chance pour nous, mais la France se classe troisième sur le podium des pays européens où le coût de garde est le plus élevé. En première place, la Suisse, avec un taux horaire brut moyen de 14,92 euros, viennent ensuite le Royaume-Uni, avec 13,52 euros et enfin, cocorico, la France en troisième position avec 8,65 euros. Pas étonnant que certaines familles renoncent à un emploi pour garder les enfants...

Le budget du matériel

Si on s'en réfère à la liste du matériel nécessaire pour accueillir un enfant vue précédemment, équiper votre maison va vous coûter très cher. D'après mes calculs, si vous achetez tout vous-même et que vous ne prenez que des produits neufs de bonne qualité (pas les premiers prix Leclerc®, quoi), comptez au minimum 1 500 euros pour vous équiper. Bien sûr, c'est beaucoup d'argent, mais d'un autre côté, la plupart de ces objets pourront avoir plusieurs vies avec vos nombreux enfants, ou pourront être revendus lorsque vous n'en aurez plus besoin. Il faut donc voir cela comme un investissement à long terme... ça aide un peu à faire passer la pilule ! L'autre solution consiste à faire une liste de naissance et à partager les frais avec ceux qui veulent vous gâter. Profitez-en !

Économiser sur les couches

En moyenne, on a vu que votre enfant utilisera environ 4 000 couches jusqu'à son apprentissage de la propreté, si on part du principe qu'il y a en moyenne quarante unités dans un paquet normal de couches, vous devrez en acheter cent pour couvrir ses besoins. Le prix des paquets est très variable d'une marque à l'autre, mais on peut tabler sur une moyenne de 12 euros environ, ce qui représentera un budget moyen de 1 200 euros pour le poste des couches par enfant. Vous trouvez que c'est beaucoup ? Sachez que vous pouvez faire régulièrement des économies en misant sur le volume. Les centres commerciaux ou les sites Internet comme Amazon® (ils sont partout !) proposent régulièrement des *jumbo packs* qui contiennent une centaine de couches. Ce sont généralement des offres intéressantes qui permettent de réaliser de grosses économies !

Mais quand on cherche à faire des économies sur les couches, il faut admettre que les couches lavables sont imbattables ! Il y a un investissement de départ assez important puisque selon les marques et les modèles vous devrez dépenser entre 300 et 500 euros pour un pack de couches en tissu (environ une vingtaine). La bonne nouvelle, c'est qu'ensuite, vous n'en achèterez pas d'autres jusqu'à la propreté de l'enfant et que vous pourrez les réutiliser pour les enfants suivants. En prenant en compte le prix des lessives, de l'eau, de l'électricité, on obtient un budget entre 500 et 800 euros pour le premier enfant. Pas mal, non ?

L'allaitement, un bon plan financier !

Chaque jour, votre enfant aura besoin de boire du lait et si vous décidez de lui donner le biberon dès sa naissance, sachez qu'il faudra le prévoir dans votre budget ! Le premier mois, comptez entre 50 et 60 euros en fonction des marques de lait en poudre. Le mois suivant, votre petit glouton boira plus de lait encore faisant monter la facture entre 70 et 80 euros. Les mois suivants, les dépenses se stabilisent, car votre enfant boira un peu tout le temps la même quantité de lait. Sur toute la durée du congé maternité, à la louche trois mois pour simplifier, vous aurez dépensé entre 260 et 300 euros pour le lait. Tout cela ne vous coûtera pas un seul centime si votre femme allaite... Cela relève du choix strictement personnel que d'allaiter ou non, mais d'un point de vue financier, au moins, vous savez ce que ça peut rapporter.

Faites des économies en cuisinant

Lorsque votre enfant sera en âge de manger de la nourriture solide, vers le quatrième mois, vous devrez une nouvelle fois faire attention à votre budget. En effet, les petits pots sont très pratiques, mais ils coûtent assez cher. En prenant l'exemple des besoins alimentaires du cinquième mois de vie de votre enfant, il vous en coûtera environ 20 euros en optant pour des petits pots de marque alors que si vous cuisinez vous-même, cela vous reviendra à 5 euros environ. Vous allez me dire que 15 euros, ce n'est pas grand-chose, mais toutes les dépenses mises bout à bout, vous finirez par économiser suffisamment pour vous acheter une PlayStation® 5 (si elle sort un jour).

En conclusion, on peut dire que si votre budget est serré, vous verrez qu'en choisissant les bonnes approches, vous pourrez vraiment contrôler vos dépenses. Cela nécessite parfois de revoir son organisation et de mettre la main à la pâte… mais ce n'est pas un peu d'action qui va effrayer un papa geek comme vous, hein ?

Level up

Achievement unlocked : Papa Radin

Vous avez transpiré en lisant ce chapitre ? Vous avez eu le vertige en voyant les chiffres importants qu'il faut dépenser pour votre enfant ? Bravo, vous êtes un papa radin ! Et il y a un badge rien que pour vous !

http://monpapaestungeek.fr/badgeslivre/papa-radin.jpg

L'appli utile

Quel budget pour mon bébé ? (0,99 euro, iOS®, Android®)

Je ne vais pas vous mentir, cette app est de moi. À la naissance de ma fille, j'ai eu envie d'avoir une vision claire sur le budget nécessaire pour bien l'accueillir. J'ai cherché une app pour faire ça, et je n'en ai pas trouvé. Du coup, je l'ai codé moi-même ! Alors comment ça marche et à quoi ça sert ? Quel budget pour mon bébé est une application qui vous permet de simuler le budget mensuel ou annuel pour votre enfant dans sa première année de vie. Ce budget s'adapte en fonction de vos choix de vie (allaitement ou non, fait maison, produit de marque ou de distributeur, etc.) et vous donne une approximation sur ce que vous devrez prévoir pour vos dépenses. En plus, vous pourrez aussi créer des listes de courses pour suivre réellement ce que vous dépensez. L'app est disponible pour iOS et tant que faire ce peut pour Android, mais ça, je ne peux totalement le garantir, car ce n'est pas sûr que ce soit tout à fait compatible avec les nouvelles ou trop anciennes versions du système d'exploitation. Oui, c'est moche, mais je ne suis qu'un codeur du dimanche.

Comme j'ai envie de me faire un peu de pub, voici le QR Code pour cette application révolutionnaire :

http://quelbudgetpourmonbebe.fr

Révélation : la vérité sur l'accouchement !

Dans l'imaginaire collectif, un accouchement, ça se passe comme ça :

Il est 20 h, votre femme enceinte de huit mois et demi et vous êtes au restaurant, au théâtre ou au cinéma et tout va bien. La discussion va bon train sur la couleur des murs de la chambre du bébé, quand soudain entre le fromage et le dessert, votre femme vous regarde et vous dit : « Chéri, je crois que je viens de perdre les eaux... »

Panique à bord ! Le monde tel que vous le connaissiez vient de s'écrouler sous vos yeux.Vous vous levez en trombe, les cheveux déjà hirsutes, vous collez une droite au serveur qui était venu vous apporter la carte des desserts. Les joues rouges, vous hurlez à la mort « OH MON DIEU ! On va avoir un bébé ! Que quelqu'un appelle une ambulance/ un taxi ! » La variante, si vous êtes véhiculé, consisterait à simplement hurler puis partir en voiture à l'hôpital.

Dans le véhicule, votre femme a des contractions et elle dégouline de transpiration, tentant désespérément, les yeux injectés de sang et hurlant de douleur, d'arracher des morceaux de siège à mains nues. Vous, vous faites ce que vous pouvez pour la calmer, dont la fameuse phrase magique « calme-toi chérie » qui d'ailleurs ne donne pas franchement les résultats escomptés.

En arrivant aux urgences, le mythe de l'accouchement est encore plus fort. On s'imagine que l'on va passer la porte des urgences sur un brancard avec un infirmier hurlant « Femme, 30 ans, le travail a commencé, la dilatation est à 8, constantes en baisse, saturation à 80, vite on est en train de la perdre ! » Ensuite, une demi-douzaine de médecins vous tombe dessus et fait tout un tas d'examens tout en marchant et en parlant très fort.

Dans la salle d'accouchement, votre femme s'est transformée en un genre de mélange entre Hulk (rapport à la force avec laquelle elle broie votre main) et la petite sirène un matin pas frais (les cheveux gras et trempés, le teint blafard). Mais surtout elle est devenue une personne que vous ne connaissiez pas, laissant son habituelle bonté s'éclipser au profit de copieuses injures gratuites distribuées, équitablement, à l'endroit du personnel médical et de votre personne.

Au bout de longues heures d'une lutte invisible, d'infirmières criant « POUSSEZ, POUSSEZ MADAME !! », votre enfant arrive au monde. Sur quoi un médecin, en blouse blanche, qui passait par là l'attrape, le pend par les pieds, lui colle une claque aux fesses et vous dit d'un air satisfait : « C'est un garçon/une fille ! » Puis il pose l'enfant enrubanné dans une serviette sur le ventre de sa mère qui est soudainement calmée et en pleurs. Le papa, lui aussi, pleure à chaudes larmes et ils vécurent heureux et eurent beaucoup d'enfants...

Merci Hollywood

Bon... par où commencer ? Tout ce que vous venez de lire n'est pas 100 % faux. Mais disons qu'une grande partie de toute cette aventure est véhiculée par les cinéastes hollywoodiens en manque d'action. Car, en vérité, un accouchement, c'est beaucoup plus calme !

La chose qui m'a le plus étonné, avec l'accouchement, c'est qu'il s'agit d'un geste hypermédicalisé. C'est loin d'être l'aventure barbare que cela a pu être à une époque. Aujourd'hui, tout est sous contrôle, vérifié, monitoré... On connaît le rythme cardiaque du bébé, l'intensité des contractions, bref rien n'est laissé au hasard.

L'accouchement en chiffres

150, c'est le nombre de pulsations par minute du cœur du bébé dans le ventre de sa mère (pour rappel, le vôtre se situe entre 60 et 80 pulsations par minute). L'intensité et la fréquence des contractions se mesurent grâce à un tocographe. D'une toutes les dix minutes en début de travail, les contractions s'enchaînent toutes les deux ou trois minutes avant l'accouchement, et elles durent entre 60 et 90 secondes... Ce qui ne laisse pas beaucoup de temps pour souffler !

En France, on enregistre en moyenne un accouchement toutes les minutes. 80 % des accouchements se font par voie basse (c'est-à-dire normalement quoi) et 20 % se font par césarienne. Bien que le geste soit de plus en plus discuté, la France est championne de l'épisiotomie (47 % pour une première naissance) devant les États-Unis (25 %), l'Angleterre (13 %) ou la Suède (6 %). Enfin, on considère que 4 à 5 % des enfants arrivent par le siège (c'est-à-dire les pieds d'abord).

Je tiens à préciser que toutes les expériences d'accouchement ne sont pas identiques, surtout pour les femmes qui ne reçoivent pas la péridurale, ou dès lors qu'il y a des complications. L'expérience peut alors rapidement devenir bien moins plaisante !

Comment savoir si votre femme est sur le point d'accoucher ?

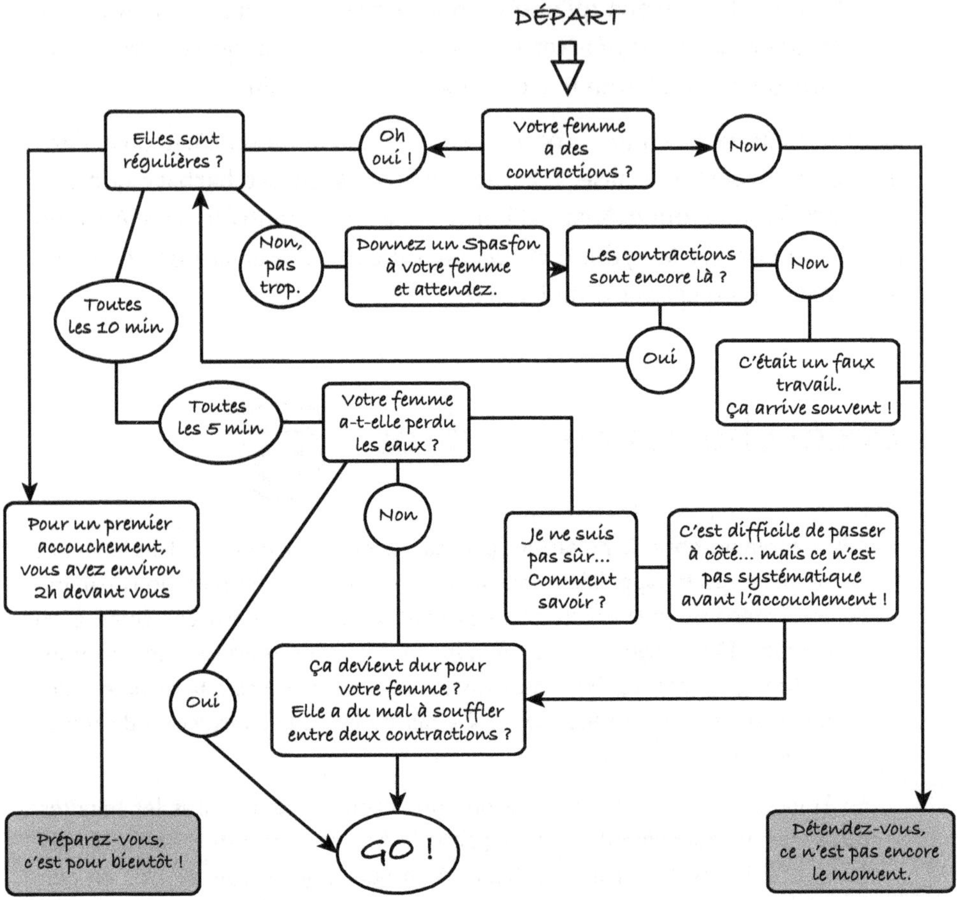

Tout commence par une grosse période d'incertitude qui s'installe au début du huitième mois de grossesse. À partir de ce moment-là, vous savez que l'accouchement peut arriver n'importe quand ! Ne prévoyez pas de vous absenter quelques jours pour le boulot, vous pourriez le regretter.

Heureusement, les signes de départ de l'accouchement sont nombreux, et il peut y avoir plusieurs jours entre le début du travail et la naissance. Il faut juste être bien à l'écoute de son corps. Enfin, du corps de sa femme.

Durant sa grossesse votre femme pourra connaître des petites contractions, qui sont parfaitement normales. Souvent, les femmes enceintes se demandent si elles sauront distinguer ces contractions du début du travail. La réponse est oui ! Lorsque les véritables contractions arrivent... La douleur s'installe, et le doute s'en va ! Votre femme alternera entre phases d'intense douleur et phases d'accalmie.

Si vous avez suivi les cours de préparation à l'accouchement, vous savez qu'il ne faut se rendre à la maternité qu'une fois les contractions douloureuses espacées de cinq minutes. Ça, c'est la théorie, parce que dans les faits, la douleur que subit votre femme vous conduit bien souvent à aller à la maternité avant que tous les critères ne soient réunis. Dans notre cas, nous y sommes allés trois fois pour notre premier enfant, et deux fois pour le second (comme quoi, on progresse !).

Le premier soir, j'étais assez content parce qu'il était 3 h du matin et que ça ressemblait à l'idée que je me faisais d'un accouchement. Sauf qu'on est arrivé en sifflotant et en rigolant, signe que le vrai travail n'avait pas encore commencé. On est donc rentrés tout penauds à la maison.

Le lendemain, on s'est fait rembarrer de la même façon, mais là on rigolait déjà moins.

Le surlendemain, vers midi, il n'était plus question qu'on nous dise de rentrer à la maison, sinon je crois qu'il y aurait eu un meurtre ! Et ça, c'est le bon signe ! Quand votre femme vous dira : « S'ils ne me laissent pas accoucher ce soir, j'étripe quelqu'un ! » C'est que le col de l'utérus est déjà bien dilaté !

La place du père pendant l'accouchement

Avant les années cinquante, moins de 30 % des accouchements se faisaient à l'hôpital. Il faut dire que la péridurale n'existait pas, et que quitte à souffrir du mal joli (« On en pleure, mais après on en rit »), les femmes préféraient rester à la maison entourées d'autres femmes (mère, sœur, etc.) qui s'occupaient de l'accouchement. C'était clairement une histoire de femmes et l'homme attendait qu'on l'appelle pour venir voir le résultat de ce long travail. Progressivement, l'accouchement est devenu un phénomène médicalisé et les futurs parents se sont rendus à l'hôpital. Cependant, il faut attendre 1950 pour que la salle d'accouchement soit ouverte aux hommes. Mais ces derniers ont pris leur temps pour y entrer, essentiellement à cause de ces images traditionnelles. En 2015, 70 % des hommes assistaient aux accouchements, et c'est une bonne chose, car la future mère à besoin d'un soutien pendant ce moment crucial ! Enfin, pour cela, il ne faut pas tomber dans les pommes pendant le travail ! Courage, Messieurs, vous avez le rôle facile...

J'y suis, j'y reste !

Une fois que vous êtes entrés dans la forteresse qu'est la maternité, une sage-femme (qui peut être un homme, mais c'est rare, et dans ce cas on l'appelle maïeuticien) vous prendra en main, inspectant régulièrement l'avancement du travail.

Une fois installée sur son lit, votre femme recevra la visite de nombreuses infirmières, qui lui poseront plein de questions, lui installeront une perfusion, prendront sa tension, installeront une sonde pour le monitoring... Bref ça s'affaire pendant un petit moment, tandis que les contractions continuent d'augmenter en intensité. Pendant tout ce temps, il est plus que probable que votre femme ne soit pas dans un moment d'extase et de plénitude. Les contractions lui font très mal et lui laissent peu de temps de repos entre deux attaques.

Et puis arrivent l'anesthésiste sur son cheval (métaphorique) blanc et sa péridurale magique ! Dès que la perfusion est posée, l'accouchement prend un tout nouveau visage ! Il n'y a plus de cris, plus de douleurs. C'est le calme. Du coup, on bouquine en attendant que le col se dilate, on dort un peu, on papote, on fait de l'administratif. Et tout ça peut durer assez longtemps ! Dans notre cas, l'attente a duré cinq heures trente.

La phase finale de l'accouchement, l'expulsion en elle-même, ne dure que quelques minutes (si tout va bien). On pousse, on pousse, et hop ! Le petit bébé est là ! Encore une fois, dans notre cas, la poussée a duré vingt minutes ! À ce stade, nous avons eu de la chance et tout s'est bien passé. Maintenant, il se peut que la sortie soit plus délicate et que les équipes décident d'aider le bébé à sortir d'une manière ou d'une autre. Ce qui est certain, c'est qu'ils ne laisseront pas votre femme et votre enfant trop longtemps dans la souffrance. S'ils sentent la fatigue d'un côté ou de l'autre, ils agiront en conséquence.

À la naissance, notre fille ne s'est pas mise à crier tout de suite. L'infirmière l'a d'abord posée sur le ventre de sa mère le temps que le placenta sorte (généralement dans les dix minutes après la naissance, si tout va bien), et pendant ce temps, notre petite Maëlle n'a fait que chouiner légèrement. Ce n'est qu'une fois que la sage-femme l'a prise pour aller faire un bilan qu'elle s'est mise à hurler.

S'il y a une expérience que je recommande vivement à tous les nouveaux papas, c'est le peau-à-peau dès la naissance. On va vous le proposer, et vous auriez tort de refuser ! L'idée étant que vous enleviez votre chemise/t-shirt, puis que vous placiez votre enfant, nu, directement au contact de votre torse. C'est un moment de calme, après l'agitation de la naissance. J'en garde un souvenir fort et marquant ! Pendant neuf mois, seule la femme peut sentir le bébé, et là, enfin, il devient bien concret ! Il était temps !

De l'accouchement, dans sa globalité, j'en garde le souvenir d'un moment vraiment différent de ce que j'imaginais. Contrairement à ce que je pensais, le plus dur n'est pas l'accouchement en lui-même, mais les contractions qui le précèdent.

Bon, si vous avez lu cette partie en entier c'est que vous ne devez plus être très loin du terme, aussi, un dernier conseil : coupez votre téléphone, profitez de ces derniers instants de vie à deux et surtout... surtout ! restez du côté « propre » de l'accouchement ! Il y a des choses que seul le corps médical doit voir, faute de quoi l'image que vous avez de votre femme pourrait radicalement se transformer... et ça, vraiment, vous n'en voulez pas !

Level up

Achievement unlocked : Papa Ready !

En terminant de lire la première partie de ce livre, vous venez de débloquer le badge Papa Ready ! Beau travail !

http://monpapaestungeek.fr/badgeslivre/papa-ready.jpg

Parole aux papas

Dans ce livre, vous trouverez quatre interviews de blogueurs « papas » à qui j'ai posé les mêmes questions. Les réponses qu'ils m'ont fournies sont livrées ici telles quelles afin que vous puissiez voir qu'au final, on se pose tous les mêmes questions et que chacun y trouve ses propres réponses. Allez donc lire les blogs de ces jeunes hommes, vous y apprendrez des choses intéressantes (même s'ils ne sont pas très geek... je sais, ça craint).

Olivier - Je suis papa. www.je-suis-papa.com

Olivier, journaliste, cherchait un sujet sur lequel il pouvait écrire librement en dehors de sa sphère professionnelle habituelle. C'est le 31 mai 2011 à 5 h 56 précisément que ce sujet, appelé MyChoup', s'est imposé. Depuis, Olivier est papa et le fait savoir !

Est-ce qu'il y a des choses sur la paternité que tu avais imaginées avant la naissance et qui se sont avérées fausses (en bien ou en mal) ?

J'ai probablement trop cru en moi. J'étais (presque) certain d'avoir pensé à tout, j'avais le sentiment, après de longs mois d'attente et de réflexion, d'être prêt. Et au moment où bébé est venu poser sa petite tête contre le creux de mon bras, pour la première fois j'ai mesuré la responsabilité qui m'attendait... et j'ai commencé à flipper.

Quel super-pouvoir aimerais-tu avoir pour te faciliter la vie au quotidien ?

J'aimerais avoir la sérénité d'un grand maître bouddhiste pour savoir l'accompagner dans les coups durs, le sens de l'humour d'un Charlie Chaplin pour la faire mourir de rire et le talent d'un David Copperfield pour faire briller ses yeux. Mais je suis juste moi, et je crois qu'elle aime ça !

As-tu un modèle (réel ou fictif) qui t'a inspiré pour devenir le père que tu es aujourd'hui ?

J'aurais tendance à dire « personne », mais qu'on le veuille ou non, il faut se rendre à l'évidence, mes parents constituent les fondations de l'édifice que je construis seul aujourd'hui. Et je les remercie de m'avoir donné ce qu'ils m'ont offert, malgré les difficultés.

En tant que père, quelle est la phrase que tu répètes le plus souvent ?

« Tu ne veux pas me lâcher le mollet trois minutes s'il te plaît... »

Selon toi, le père idéal, c'est quoi (s'il existe) ?

Celui qui accepte d'apprendre de ses enfants.

PARTIE 2

Nouveau papa geek

Bravo ! Vous êtes papa !

Le projet aura parfois été difficile à mettre en route, le chemin était truffé d'embûches, la route fut longue, mais vous y êtes, le premier jour du reste de votre nouvelle vie... Vous êtes papa ! Avant toute chose, laissez-moi vous féliciter, car vous venez d'accomplir un petit pas pour l'humanité, mais un grand pas dans votre vie ! Rien ne sera plus jamais comme avant, dans le bon comme dans le mauvais sens du terme. C'est le double effet du bébé. Les prochaines semaines (si vous lisez ceci au moment précis de la naissance) seront usantes, déconcertantes, parfois même désespérantes (bonjour l'ambiance !), mais comme le promet Jim Gordon à Bruce Wayne après le meurtre de ses parents : *there will be light* ! Vous verrez le bout du tunnel, et plus vite que vous ne le pensez. La fatigue obscurcira votre jugement lors des moments de tension, l'incompréhension et la peur que votre enfant ne souffre vous feront paniquer et parfois agir sans réfléchir. Mais bientôt, les nuages se dissiperont, et derrière c'est le bonheur qui viendra illuminer votre vie. Un bonheur unique, indescriptible, d'une origine si profondément enfouie dans votre ADN que rien n'a d'équivalent. Mais ce bonheur à un prix, la responsabilité d'être parent. Si vous refusez ce devoir, vous n'aurez que de la frustration et de la colère. Or, c'est bien connu, la colère mène à la haine, la haine mène à la souffrance et la souffrance mène au côté obscur de la Force.

Que trouverez-vous dans la seconde partie de ce livre ? Toutes sortes de conseils, d'explications, de schémas et d'infos plus ou moins utiles pour faire face à la première année de vie de votre enfant.

Level up

Achievement unlocked : Enfin Papa !

Voilà, c'est fait, vous y êtes ! Vous êtes enfin papa ! Bravo, vous avez gagné un super-badge... et des dizaines de responsabilités.

http://monpapaestungeek.fr/badgeslivre/enfin-papa.jpg

Le rôle (fondamental) du père après la naissance !

La grossesse et l'accouchement sont deux moments de la vie particulièrement éprouvants physiquement pour une femme. Le corps possède d'étonnantes facultés de récupération... à condition qu'on lui laisse la possibilité de le faire. Et c'est bien tout le problème puisque, après l'accouchement, il faut s'occuper du bébé ! C'est dans ce nouveau contexte, assez tendu il faut le dire, que vous, le jeune père et le conjoint dévoué, allez devoir jouer un rôle des plus importants : celui de soutien de tous les instants !

Votre mission, si toutefois vous décidiez de l'accepter, consistera à offrir du répit à votre femme en lui permettant de souffler en prenant régulièrement la responsabilité du bébé, en vous occupant des courses ou du ménage, en aidant à la logistique générale... bref en étant partout à la fois. Car, pour peu que votre femme ait eu des complications pendant l'accouchement, il faudra qu'elle se ménage elle-même tout en subvenant aux besoins de l'enfant. Une tâche titanesque qui, couplée à la chute des hormones, les difficultés de l'allaitement et la fatigue des nuits, conduit bien souvent les femmes au fond du gouffre.

Alors, concrètement, comment faire ? Pour ce qui est des nuits, comme nous le verrons un peu plus bas, le mieux est de fonctionner par tours de garde. Certains couples vivent même en décalé avec, par exemple, la femme qui se couche à 20 h pour prendre sa garde à 2 h (soit six heures de sommeil réparateur) et l'homme qui s'occupe de l'intendance du bébé jusqu'à 2 h et qui pourra se reposer ensuite. L'avantage étant que chacun puisse dormir un nombre minimum d'heures consécutives afin de ne pas trop souffrir de la fatigue. L'inconvénient étant, bien sûr, de passer moins de temps ensemble. Mais aux grands maux les grands remèdes !

Si votre femme allaite, essayez de lui parler de tire-lait. Cette pratique, assez peu sexy convenons-en, lui permet de continuer l'allaitement tout en lui offrant un peu de liberté. Le lait tiré est ensuite donné au bébé *via* un biberon. Cette technique fonctionne très bien et l'enfant sait parfaitement s'adapter entre la tétée au biberon et la tétée au sein. Aucune crainte, donc, qu'il ne s'accoutume à l'un et pas à l'autre[3]. Pendant ce moment de liberté, votre femme pourra en profiter pour se reposer (c'est ce dont elle aura le plus besoin), faire un petit tour, vaquer à ses occupations... Bref souffler un peu ! Ces petits breaks lui permettent de sortir la tête de l'eau pour quelques heures, ce qui, au final, raccourcira la longueur de ce tunnel infernal.

Si vous le pouvez, bien que ce soit encore assez peu courant en France, essayez de négocier avec votre chef la possibilité de télétravailler au moins un ou deux jours par semaine. Pendant ces moments à la maison, vous pourrez partager votre temps entre travailler et vous occuper des tâches domestiques, des courses, etc.

En prenant en charge la logistique de la maison, et en offrant à votre femme du temps pour souffler, vous verrez que cette phase assez difficile de vos débuts comme parents se fera bien moins dans la douleur. Et croyez-le, vous en sortirez fier d'avoir été présent quand on avait le plus besoin de vous !

3. Il peut quand même arriver que le bébé ait du mal à s'habituer au biberon et râle un peu au départ, mais vous finirez par y arriver.

```
//-------------------------------------//
//--Les congés des nouveaux parents--//
//-------------------------------------//
{
Une jeune mère a le droit de rester « tranquillement » à la
maison pour s'occuper de son bébé pendant seize semaines,
soit quatre mois. C'est à la fois beaucoup et assez peu.
Un jeune père, lui, a le droit à onze jours consécu-
tifs (à prendre entre le 3e jour de vie et le 4e mois
de votre enfant), et s'il est salarié, il peut aussi le
plus souvent prétendre à trois jours de congés naissance.
Reconnaissons-le, c'est assez peu ! Pendant les onze
jours, c'est la CPAM qui vous versera votre salaire jour-
nalier sans pour autant dépasser 62,88 euros bruts/jour.
Les deux parents peuvent prendre un congé plus long,
mais nettement moins bien rémunéré, c'est le congé
parental. Dans les faits, il faut avoir au moins un an
d'ancienneté dans votre entreprise pour y prétendre et
il sera d'une durée d'un an, à partager entre les deux
parents (six mois chacun). La rémunération forfaitaire
est alors de 390 euros par mois.
Pour tout savoir sur les démarches du congé paternité
ou du congé parental, rendez-vous sur www.ameli.fr.
}
```

Tuto de vie : les cent premiers jours avec un bébé

Lorsqu'un nouveau président de la République, un ministre ou même un maire arrive au pouvoir, on lui donne généralement cent jours avant de pouvoir faire un premier bilan. Cent jours, soit un petit peu plus de trois mois, c'est le temps qu'il faut pour s'habituer à ses nouvelles fonctions et être déjà dans l'action. Or il se trouve que votre foyer vient de subir un changement majeur, avec une nouvelle réorganisation qui nécessite à chacun de trouver sa place dans son nouveau rôle. Votre enfant, lui, représente le peuple tandis que ses parents seront les hautes instances du pouvoir qui vont tout tenter pour garder ses bonnes faveurs. Dit autrement, pendant les trois prochains mois vous serez mis à rude épreuve pour apprendre le job de parent et tout faire pour rendre votre bébé heureux.

Et justement, quelles seront les épreuves et les embûches qui vont vous attendre sur le chemin ?

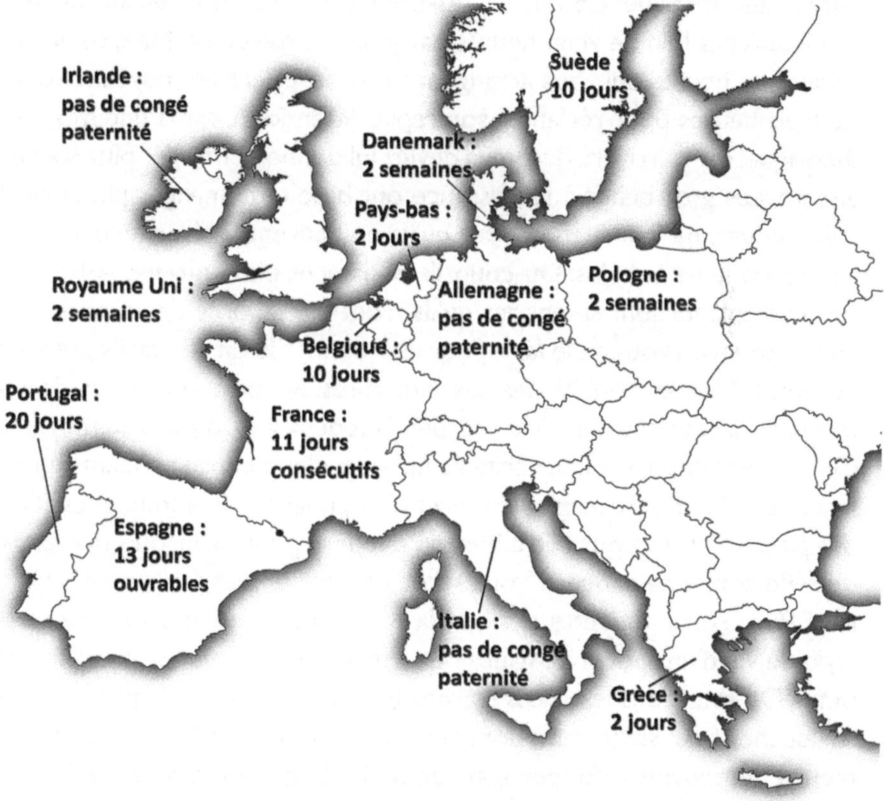

Le congé paternité en Europe

Le manque de sommeil

La fatigue est certainement ce qui vous marquera le plus pendant cette période. Il existe des enfants qui dorment bien dès la naissance, mais c'est vraiment très rare. Aussi rare que de boire du bon thé dans un distributeur automatique. Ce qui est frustrant c'est que votre enfant dormira beaucoup, pas loin de vingt heures par jour à la naissance. Mais, ce ne sera jamais aux heures qui vous arrangent ! Il se réveillera en moyenne toutes les trois heures pour réclamer son repas. Attention, c'est là une moyenne théorique, car il arrivera que vous deviez lui donner à manger plus souvent encore. Les gros bébés à la naissance ont besoin de manger plus, mais la taille réduite de leur estomac fait qu'ils ne peuvent ingérer qu'une partie limitée de leurs besoins. Du coup, ils réclament plus souvent. À l'inverse, certains enfants sont si maigres qu'ils n'ont pas la force de se réveiller la nuit et ce sera à vous de le faire pour leur donner le lait afin qu'ils prennent du poids. Mais ce sont là des cas plus rares. Si votre enfant est dans la moyenne, alors vous dormirez mal pendant deux à trois mois en moyenne. Ce moment de vie est une véritable épreuve d'endurance pendant laquelle il faut absolument ménager ses forces. La privation de sommeil est l'une des pires tortures pour l'être humain qui perd pour beaucoup sa capacité de réflexion et sa patience. Vous serez irritable et très facilement contrarié ! Pour sortir de cette période la tête haute, vous devrez adopter le style de vie d'un sportif de haut niveau, mais sans les efforts physiques (ah, ouf !). On évite tous les excès (gardez les grosses fêtes pour plus tard), on se couche tôt et surtout on dort dès qu'on en a la possibilité ! Il est fondamental de pouvoir rattraper son sommeil dès que c'est possible. D'autre part, je sais que nous autres les hommes avons rapidement tendance à entrer dans le schéma « c'est moi qui dois dormir, parce que je vais au boulot demain et pas ma femme ». Mais en réalité (comme nous l'avons vu précédemment), il est essentiel d'être solidaire avec votre conjointe sur ce sujet, et ce dès la naissance, et même en cas d'allaitement. Chez nous, le temps de l'allaitement, nous avons d'abord fonctionné de la sorte : je m'occupais d'aller chercher le bébé pour l'amener à ma femme afin qu'elle allaite, je me rendormais, puis je retournais le coucher… et me coucher.

Lorsque nous avons ensuite introduit un biberon la nuit, nous nous répartissions les gardes à tour de rôle. Elle de minuit à 3 h et moi de 3 h à 6 h. Ainsi, ça offrait à au moins l'un de nous trois heures (ou plus) de sommeil continu et réparateur. Alors OK, vous serez un peu fatigué à la machine à café, mais à la maison cela fera une réelle différence et vous passerez cette période le mieux possible.

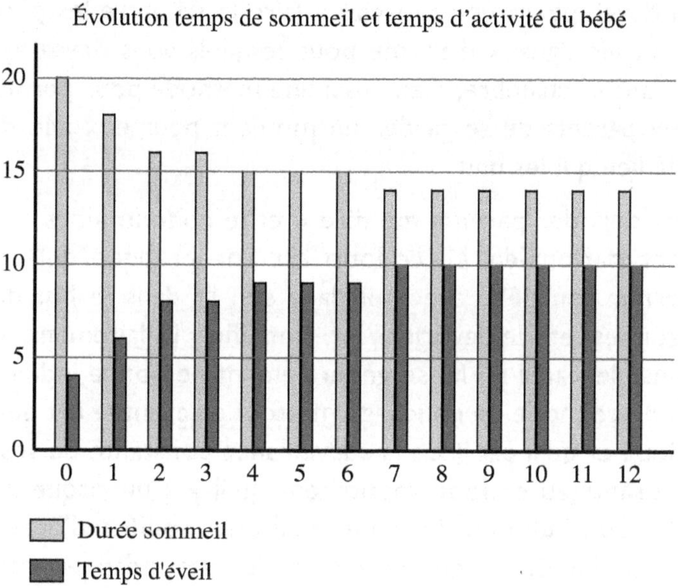

Où faire dormir bébé ?

Pendant son séjour à la maternité, votre femme aura passé plusieurs jours à dormir côte à côte avec votre enfant. En rentrant à la maison, c'est assez naturellement que vous aurez envie de prolonger cette organisation. C'est bien de le faire... pour un temps ! Vous découvrirez assez rapidement que l'expression « dormir comme un bébé » n'a aucun lien avec la réalité. Lorsque le nourrisson dort, il fait toutes sortes de bruits qui vont du raclement de gorge, aux bruits de bouche, en passant par des petits cris ou de la toux. Toutes ces choses ne sont pas graves, en revanche elles ont tendance à réveiller les parents et les placer en état d'alerte maximum. Tout ça pour dire qu'à titre personnel, je ne saurais que trop vous recommander de faire dormir rapidement votre enfant dans sa chambre. Quand ? S'il est en bonne santé, dès que possible au bout de quelques jours par exemple. En revanche, s'il a des problèmes de santé qui nécessitent une attention particulière, il va sans dire que vous le garderez sous le coude avec vous. Lorsque votre enfant aura trouvé sa place dans son lit, dans sa chambre, vous ne dormirez pas plus, mais vous dormirez mieux, ce qui est toujours mieux que rien. Votre cerveau développera une capacité à faire le tri entre les petits bruits de fond et les signaux d'alarme pour lesquels vous devez agir. Placer l'enfant dans sa chambre, c'est aussi une méthode pour permettre aux nouveaux parents de se garder un moment pour eux afin de ne pas perdre le lien qui les unit.

J'entends déjà des parents me dire « et le cododo alors ? » Et bien, justement, parlons-en. Le cododo est une pratique qui consiste à faire dormir son bébé avec soi dans son lit dans le but de calmer ses angoisses et de favoriser et simplifier l'allaitement. C'est un sujet sensible, car il ne laisse généralement personne indifférent. Les adeptes de ce mode de couchage mettent en avant le fait que le bébé dort mieux et qu'il est sous la surveillance constante de ses parents. Les opposants au cododo rapportent qu'il y a un risque important d'étouffer son bébé en dormant, qu'il peut souffrir d'hyperthermie (avoir trop chaud), ou que cela crée des dépendances dont il sera difficile de se débarrasser au moment de le faire retourner dans sa chambre. Qui a tort ou raison, là n'est pas la question, car le cododo est avant tout un choix personnel. À condition d'utiliser un petit lit que l'on greffe sur le matelas des parents, le cododo n'est pas dangereux. En revanche, à titre personnel, je n'y suis pas favorable pour des questions d'intimité entre les parents. À mon sens, la chambre des parents doit être un sanctuaire qui permet à ses habitants de se retrouver et de s'isoler. Cela me paraît essentiel pour garder un bon équilibre dans le couple et être plus fort pour surmonter les épreuves de la vie. C'est mon avis basé sur mon expérience personnelle, après vous faites bien comme vous voulez !

Les 5 sens du bébé !

Toucher

Probablement le plus développé de ses sens à la naissance. Votre nourrisson a besoin du contact physique de ses parents pour être réchauffé et rassuré. Ne vous privez pas de lui faire des câlins !

Ouïe

Dès la naissance, le système auditif fonctionne parfaitement. À vrai dire, il fonctionnait déjà dans le ventre de la mère et votre enfant est donc capable de reconnaître les voix de ses parents.

Odorat

Le système olfactif est une merveille d'ingénierie. Dès le moment de la naissance, l'enfant est capable de distinguer l'odeur du lait maternel et de se tortiller plus ou moins bien vers la sacro-sainte source de lait dont il a tant envie !

Goût

Bon, le goût chez un nourrisson, ce n'est pas vraiment la priorité. Ce qui l'intéresse avant tout, c'est de téter et de remplir son petit ventre.

Vue

Le bébé n'a pas vraiment une bonne vue, c'est le moins qu'on puisse dire. Il faut être à moins de trente centimètres de son visage pour qu'il puisse vous voir correctement. Par ailleurs, jusqu'à ses 2 mois, il ne verra qu'en noir et blanc ! Amusant, non ?

Panique mode ON

Pendant les premiers jours de vie de votre enfant, vous avez toutes les chances de paniquer au moindre petit truc suspect. Le problème récurrent étant de savoir si telle ou telle chose est « normale ». On ne va pas vous blâmer, on est tous passé par là à plus ou moins différents niveaux. La panique n'a pas les mêmes effets sur tout le monde, certaines personnes vont totalement s'y abandonner et partir aux urgences au premier rejet de lait. D'autres réussiront à conserver une part de raison dans leur logique et se diront « allez c'est sûrement rien », puis ils vérifieront que leur enfant va bien toutes les cinq minutes tout en imaginant les pires scénarios dans leur tête. Chacun son style.
La question n'est pas de savoir si c'est bien ou mal de paniquer puisque tout le monde le fait, mais plutôt de savoir si vous réagissez bien ou non. Si votre enfant s'étouffe parce qu'il a avalé un jouet, c'est parfaitement légitime de paniquer, même s'il est plus efficace de savoir faire soi-même une manœuvre de Heimlich*. En revanche, si vous vous inquiétez parce qu'il pleure beaucoup et que vous n'arrivez pas à le consoler commencez par faire la *check-list* suivante :

- À quand remonte son dernier biberon ? Il a peut-être faim.
- A-t-il fait son rot ? L'air coincé dans le ventre est désagréable.
- A-t-il commencé à pleurer après avoir mangé ? Il a peut-être mal au ventre.
- Sa couche est-elle pleine ? Certaines enfants détestent être sales.
- Ses fesses sont-elles rouges ?
- A-t-il de la fièvre ?
- À quand remonte sa dernière sieste ? Il a peut-être sommeil.
- Y a-t-il eu un grand bruit, ou l'avez-vous laissé un peu « tomber » en arrière vivement ? Il a peut-être eu peur.

Pour vous aider dans ces moments difficiles, vous pouvez vous référer au diagramme logique ci-après. Il ne répondra peut-être pas à toutes les situations, mais il couvre au moins 90 % des problèmes les plus courants. Entraînez-vous avant d'être dans le feu de l'action, sinon vous risquez de vous faire sérieusement embrouiller par Madame… Je dis ça comme ça.

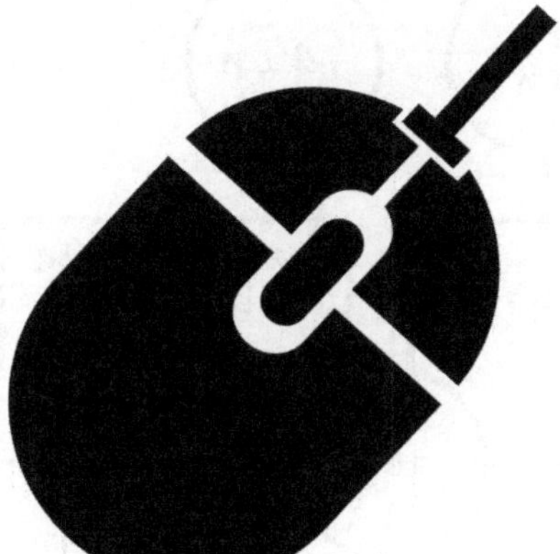

Pas de panique : les pleurs de bébé

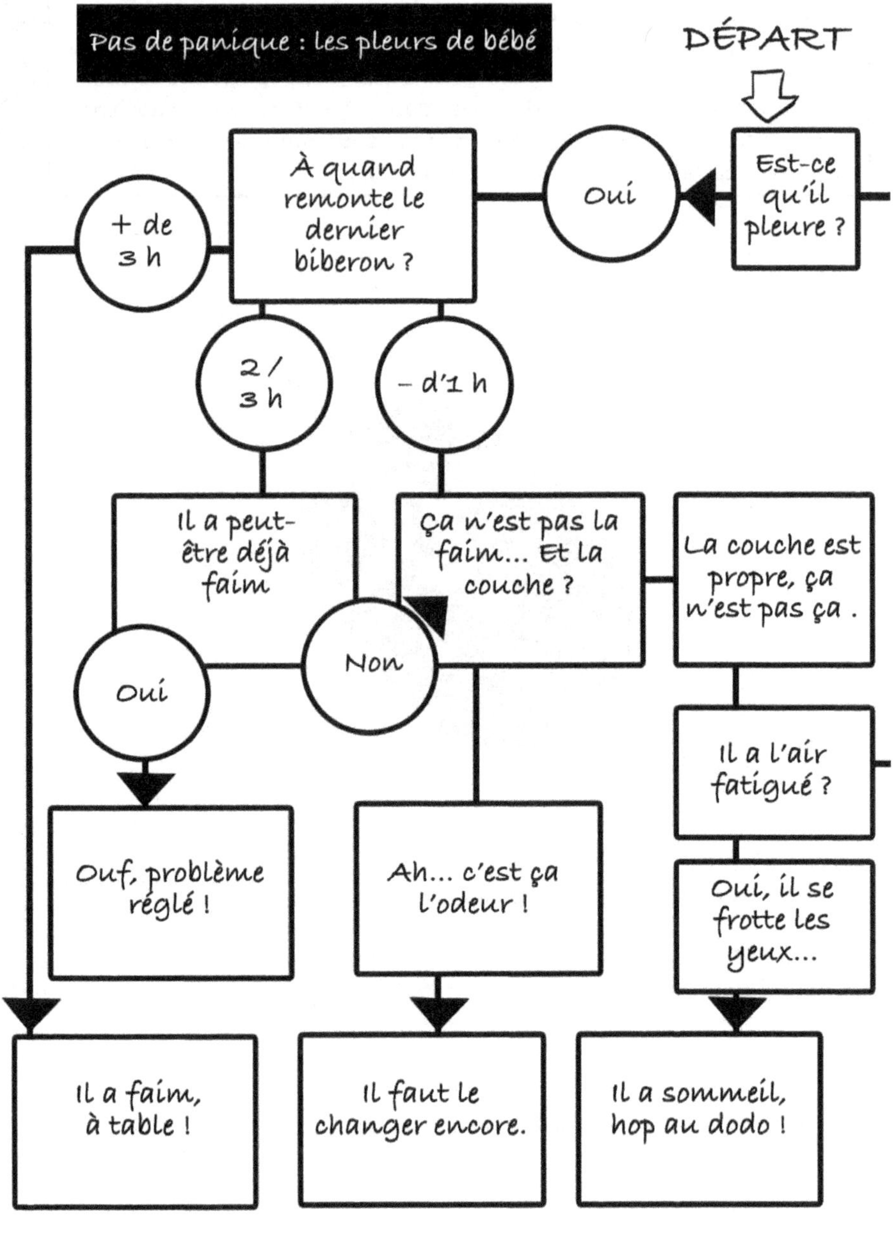

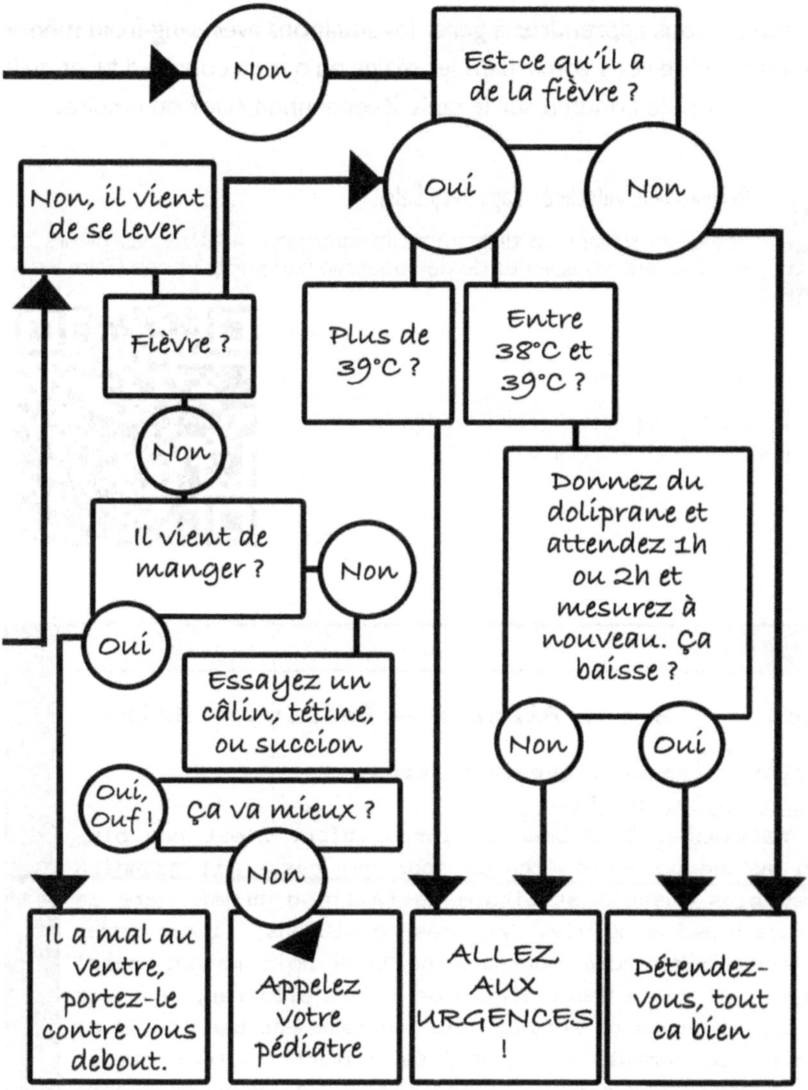
Non
Est-ce qu'il a de la fièvre ?
Oui
Non
Non, il vient de se lever
Fièvre ?
Plus de 39°C ?
Entre 38°C et 39°C ?
Non
Donnez du doliprane et attendez 1h ou 2h et mesurez à nouveau. Ça baisse ?
Il vient de manger ?
Non
Oui
Essayez un câlin, tétine, ou succion
Non
Oui
Oui, Ouf !
Ça va mieux ?
Non
Il a mal au ventre, portez-le contre vous debout.
Appelez votre pédiatre
ALLEZ AUX URGENCES !
Détendez-vous, tout ca bien

Le plus souvent, la réponse à l'énigme se trouve dans cette liste. Il faut essayer point par point, en commençant par lui donner du lait, ou un gros câlin. Si malgré tous vos efforts votre enfant pleure encore, appelez votre pédiatre pour lui demander conseil. S'il n'est pas dispo, voyez avec votre généraliste, votre pharmacien ou SOS Médecins.

Avec le temps, vous apprendrez à gérer les situations avec sang-froid même si votre fils vient de vous vomir dans les mains ou que sa couche a fui et qu'il en a répandu tout le contenu sur le tapis. Zeeeeennnn. Allez on respire.

Level up

Achievement unlocked : Papa Keep Calm

Bravo, en suivant ce diagramme logique pour analyser les pleurs de votre enfant, vous venez de débloquer le badge Papa Keep Calm !

http://monpapaestungeek.fr/badgeslivre/papa-pas-de-panique.jpg

Les « 3 B » : Biberon – Besoins – Bain

Le petit guide pratique du biberon

Combien donner de lait ?

À la naissance, l'estomac de votre enfant n'est pas plus grand qu'une noisette. Chaque jour qui passe, il grandira un peu plus jusqu'à atteindre la taille d'un œuf vers la deuxième semaine de vie. Dans ces conditions, il est assez facile de comprendre pourquoi un bébé doit manger aussi souvent ! Si votre femme décide de ne pas allaiter, les tout premiers biberons ne dépasseront généralement pas les 30 ml de lait. Rapidement, les quantités augmentent, mais gardez bien à l'esprit que c'est votre enfant qui vous indiquera s'il a encore faim ou non. Comment ? S'il termine son biberon et qu'il pleure encore, rajoutez-lui un peu de rabs.

À l'inverse, s'il s'arrête en plein milieu et qu'il ne veut plus prendre, c'est qu'il aura fait le plein. En matière d'appétit, il n'y a d'ailleurs pas de vérité générale. Il se peut tout à fait que votre enfant n'ait pas trop faim un jour et qu'il se comporte normalement le lendemain. Il faut s'inquiéter s'il ne s'alimente pas sur plusieurs repas.

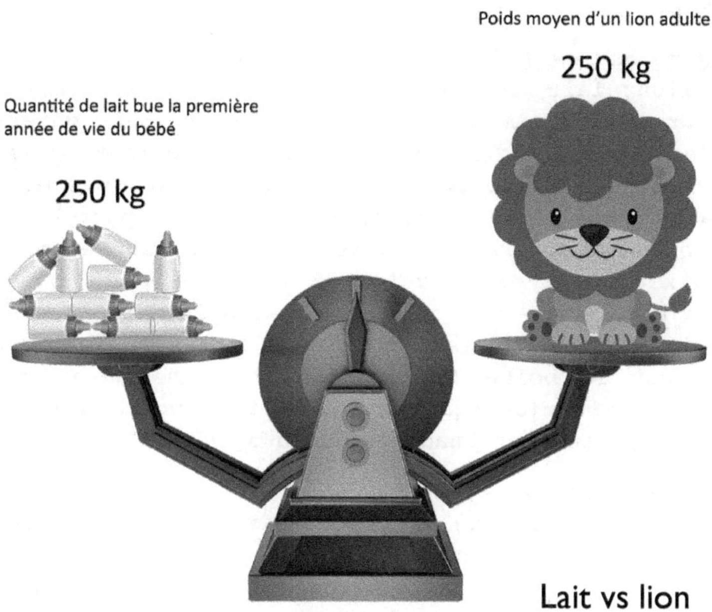

Quelle eau pour les biberons ?

Vous avez remarqué comme les publicités pour les eaux minérales tentent de démontrer régulièrement comment elles sont parfaites pour les bébés ? Le problème, c'est qu'une eau trop minérale n'est pas adaptée à la préparation de biberons, notamment à cause de la haute teneur en nitrates de certaines eaux. Il est recommandé d'utiliser une eau la moins minérale possible, comme la marque Mont Roucous®. Cherchez sur les bouteilles les mentions « convient à l'alimentation des nourrissons » et vous devriez trouver rapidement l'eau adéquate. Par ailleurs, en fonction de la région dans laquelle vous habitez, vous pourrez utiliser tout simplement l'eau du robinet à condition, là encore, que son taux de nitrates soit faible.

Dans le doute, attendez les 6 mois de votre enfant avant d'utiliser l'eau du robinet, car avant cet âge, l'appareil digestif du bébé transforme les nitrates en nitrites, qui peuvent être dangereux pour la santé. En revanche, évitez de lui donner de l'eau filtrée via une carafe filtrante, car si ces dernières ne sont pas correctement entretenues, ce sont de véritables nids à microbes.

Quelle marque de lait choisir ?
Le meilleur lait pour un enfant est celui de sa mère. La nature est vraiment bien faite, car le lait maternel s'adapte en fonction des besoins de l'enfant. C'est assez magique ! Ceci étant dit, cela ne veut pas dire pour autant que le lait artificiel est mauvais pour l'enfant, bien au contraire. En revanche, il faut adapter le choix du lait en fonction de l'âge de votre bébé, car ses besoins ne sont pas les mêmes à la naissance ou à 6 mois. Comment choisir ? C'est plutôt simple, c'est marqué sur la boîte ! Attention, vous ne devez pas donner du lait classique en bouteille à votre enfant, il est trop riche et inadapté à son système digestif.

Comment préparer le biberon ?
Contrairement à ce que l'on pourrait croire, préparer un biberon est vraiment simple. La procédure se fait en trois étapes, remplir le biberon d'eau, faire chauffer l'eau, et enfin mettre la poudre. La vraie question étant de savoir : comment faire chauffer l'eau ? Rien ne vaut un bon vieux four à micro-ondes ! En fonction de la quantité d'eau dans le biberon, il ne faudra compter qu'entre quinze et trente secondes de chauffe pour une eau à la bonne température, c'est-à-dire autour de 30/35° C.

Mode d'emploi
Matériel requis :
Un bébé qui a faim
Un biberon
Une bouteille de lait en poudre
Une bouteille d'eau
Un micro-ondes
25 000 bavoirs

- Enlever la tétine du biberon et ajouter l'eau. Ne pas mettre le lait à cette étape.
- Faire chauffer le biberon au micro-ondes ou au bain-marie. Attention, au BBQ ça ne fonctionne pas.
- Vérifier que la température soit autour de 37° C.
- Consulter le dos du paquet de lait pour connaître la quantité requise et la verser dans le biberon.
- Remettre la tétine et le capuchon, puis secouer le biberon pendant dix secondes.
- Insérer le biberon dans la bouche de l'enfant qui hurle et qui pleure depuis que vous avez commencé la première étape.

Le petit guide pratique du changement de couche

Il ne faut pas voir les couches comme une corvée, mais comme un petit moment sympathique pendant lequel vous êtes en contact privilégié avec votre enfant, qui d'ailleurs aura prévu pour l'occasion de vous faire un petit cadeau bien emballé et en odorama. OK, changer les couches, c'est un peu la face obscure de la parentalité, mais ça peut vraiment bien se passer.

Safety first

S'il y a un sujet sur lequel je n'ai jamais envie de rire, c'est celui de la sécurité. La table à langer est généralement située à un mètre de haut, et si vous n'y prêtez pas assez attention, votre bébé pourrait bien en tomber et se faire très mal. À partir du moment où vous posez votre bébé sur la table, vous ne devez jamais le quitter des yeux, voire toujours garder une main sur lui pour le sécuriser. Les accidents arrivent très vite, la moindre seconde d'inattention et votre bébé pourrait bien tomber de la table. Aussi, même si votre téléphone sonne, ne laissez jamais votre enfant seul.

De la même manière, faites attention à avoir toujours à portée de main tout le matériel dont vous avez besoin pour le change ou le soin. Voilà, maintenant que tout le monde est prévenu, on peut rire un bon coup. Haha !

Matériel de change

De quoi avez-vous besoin pour changer un bébé ? D'abord, bien sûr, des couches. Mais il vous faudra aussi de quoi faire le ménage autour des fesses de bébé. Pour cela, il y a plusieurs écoles. Les lingettes (pratiques, mais polluantes si elles ne sont pas biodégradables, et potentiellement irritables pour la peau), le liniment sur du coton (produit 100 % naturel à base d'huile végétale et d'eau de chaux, tout à fait recommandé !) et enfin le gant avec de l'eau et du savon. Choisissez votre équipement et préparez-vous à combattre !

Mode d'emploi

Matériel requis :
Un bébé qui sent mauvais
Une table à langer
Un nombre infini de lingettes ou une bouteille de liniment et des cotons (eux aussi en quantité infinie)
Une poubelle qui ferme bien
Une couche toute neuve et qui brille
Un tube de crème

- Placer l'enfant sur la table à langer.
- Enlever le pantalon de l'enfant. Attention, il faut toujours avoir 100 % de sa vigilance quand l'enfant est sur la table à langer. Ne pas téléphoner !
- Dégrafer les attaches.
- Abaisser la partie avant (et hurler d'horreur).
- Nettoyer l'enfant, mettre de la crème et jeter la couche sale à la poubelle.
- Mettre la nouvelle couche et rabattre les attaches.
- Ne pas comprendre et s'énerver pour boutonner le body/pyjama.
- Se laver les mains après avoir posé l'enfant.

Le petit guide pratique du bain

Le bain est un moment sympa de complicité et de partage. Soyons clairs, ce qui est partagé ici, c'est surtout le fait que vous serez autant mouillé que votre enfant à la fin de la baignade !

Pour que l'exercice se passe bien, il faut impérativement que l'enfant soit en sûreté et, pour cela, le parent doit être très concentré et se servir d'une baignoire adaptée. Si vous n'avez aucune idée de quoi il peut bien s'agir, retournez lire le chapitre sur le matos indispensable dans la première partie du livre. Pour les enfants les plus jeunes, il est impératif de toujours les maintenir en sécurité, notamment grâce à la technique de la « pince » (votre main tient fermement l'enfant sous l'un de ses bras) que l'on vous apprendra à la maternité.

On recommande de chauffer l'eau du bain entre 37° C et 39° C pour que l'enfant passe un moment agréable sans se brûler, ni grelotter de froid. Prenez le temps de le laisser jouer dans l'eau, découvrir que faire « flic-floc » c'est drôle et ça éclabousse papa ou maman. Tous ces moments de complicité sont bénéfiques pour que votre enfant découvre ses sens, et pour que vous puissiez améliorer votre niveau de patience.

Enfin, notez que le plaisir du bain n'est pas forcément inné ! Certains enfants peuvent avoir peur de l'eau et ne pas être du tout à l'aise les premiers temps dans la baignoire. En général, ça lui passe rapidement !

Mode d'emploi

Matériel requis :

Un bébé qui sent (encore) mauvais
Une baignoire
Un thermomètre
Du savon
Une serviette (si possible qui s'accroche autour du cou)
Un canard qui fait coin-coin

- Remplir la baignoire entre 37° et 39° C.
- Déshabiller son enfant et mettre la couche à la poubelle.
- Insérer son enfant dans le bain. Attention : toujours le tenir fermement d'une main sous son bras.
- Savonner son enfant.
- Le bain peut durer jusqu'à quinze minutes.
- Sécher son enfant avec la serviette, attention : les flaques d'eau, ça glisse !

Jour 30

À l'aube du premier mois de votre enfant, les choses devraient déjà commencer à s'améliorer un peu. Les nouveaux parents ont déjà gagné en expérience et les gestes basiques du quotidien sont faits avec plus d'assurance et de confiance en soi. La tête de votre bébé est moins marquée par la naissance, sa peau est plus lisse, son crâne s'arrondit et son visage a dégonflé. Rassurez-vous, il a toujours ses grosses joues-joues trop mignonnes à croquer ! D'un point de vue physiologique, votre enfant gagne légèrement en tonus. Il tente de mettre ses doigts dans sa bouche, mais garde le plus souvent les poings fermés. Il n'est toujours pas capable de tenir sa tête seul, et sa vue n'est pas très bonne puisque son champ de vision n'est que de 90°. Niveau compétences de communication, il s'améliore puisqu'il est capable de pleurer légèrement différemment en fonction de ses besoins… À vous de réussir à le décoder !

Apparition du rythme circadien

Voilà une info qui devrait plaire à votre esprit scientifique (si le mot science n'évoque pour vous que Fred et Jamy de *C'est pas sorcier*, ce n'est pas grave, lisez quand même, vous pourriez bien apprendre des choses). À la fin du premier mois de vie d'un enfant, le rythme jour/nuit, aussi appelé rythme circadien, se met naturellement en place. Les phases d'éveil en journée sont progressivement plus longues tandis que le sommeil de la nuit s'allonge et fait souvent disparaître une tétée ou un biberon. Ce qui est curieux, c'est que ce rythme n'est pas lié à l'alternance du jour et de la nuit. Il apparaît aussi bien en hiver qu'en été, même si vous habitez près du pôle Nord et que le soleil ne se lève jamais en hiver. Plus fou encore, un enfant élevé uniquement en éclairage artificiel pendant cette période verra aussi son rythme circadien s'installer au même moment !

Là où les choses deviennent moins amusantes, c'est que la mise en place du cycle jour/nuit se manifeste généralement par une crise de larmes incoercible et très impressionnante généralement en fin de journée entre 17 h et 22 h. C'est souvent un moment de panique intense pour les parents qui ne comprennent pas ce qu'il se passe et pensent que leur enfant a faim ou qu'il a mal au ventre. S'il refuse de s'alimenter, et si tous les signaux habituels sont normaux, alors ne cherchez pas, c'est le rythme circadien qui fait son entrée fracassante ! C'est impressionnant, mais la bonne nouvelle, c'est que, à partir de maintenant, vous allez progressivement mieux dormir. En revanche, cette période est fondamentale pour le développement de votre enfant et il faut plus que jamais respecter son sommeil et son rythme ! Prenez votre mal en patience et reportez encore un peu vos vacances à Bora-Bora.

Tout savoir sur le sommeil des enfants

Si vous avez des inquiétudes concernant le sommeil de votre enfant et que vous voulez en savoir plus, je vous recommande le livre *Quand va-t-il (enfin) faire ses nuits ?* par le Dr Sarah Bursaux et Alix Lefief-Delcourt, aux éditions Leduc.s. Cent questions/réponses sur le sommeil des enfants de 0 à 3 ans.

Souriez-lui et parlez-lui !

Un mois de vie, ce n'est pas beaucoup. Pourtant, le cerveau de votre enfant sera non seulement assez développé pour reconnaître un sourire, mais il adorera scruter votre visage pendant de longues minutes. Il ne voit pas très bien, alors il faudra le tenir entre dix et trente centimètres de vous si voulez être autre chose pour lui qu'une vague tache floue qui bouge et fait de drôles de bruits. Ah oui, car il vous entend plutôt bien ! Normal, il compense sa mauvaise vue par une bonne ouïe, alors parlez-lui, chantez-lui et vous en ferez le plus heureux des bébés !

Jour 60

Depuis deux mois que votre enfant est avec vous, vous aurez déjà vécu bien des aventures ! Votre enfant se développe vite et il a une belle bouille de bébé. Il vous paraît plus costaud, bien moins fragile comme à la naissance. Il est capable d'attraper un petit jouet (si vous le lui posez dans les mains !), il tient bien mieux sa tête qu'il arrive à bouger seul et il tend souvent les jambes. Bref, ce petit humain se transforme sous les yeux de ses parents ébahis !

Ne soyez pas la troisième roue du vélo

Dans le schéma classique parental, celui où la femme reste à la maison avec son enfant pendant que l'homme va travailler tous les jours au bureau, il arrive assez souvent que la mère développe un lien très fort et exclusif avec son enfant. Elle tient absolument à s'occuper de tout, tout le temps et ne laisse pas tellement la place aux autres personnes pour prendre en charge l'enfant. En tant que père, il n'est pas rare de se sentir à l'écart de ce duo de choc et d'être relégué aux tâches secondaires, ce qui provoquera immanquablement de la frustration.

Que faire ? Il n'y a rien que puisse résoudre une bonne conversation à cœur ouvert. Exprimez votre frustration, partagez votre envie d'être plus impliqué dans la vie de votre enfant et demandez à votre femme de vous faire confiance. Bien sûr, il faudra lui prouver qu'elle pourra effectivement vous faire confiance, donc essayez de ne pas faire de bévues comme donner un biberon trop chaud, mettre une couche à l'envers ou faire pleurer bébé pour une raison ou une autre... sinon c'est retour à la case départ ! Le rôle du père est de réussir à « casser » ce lien exclusif enfant/mère pour créer un trio parfaitement viable où chacun trouve sa place. Donc, si vous êtes dans cette situation, plutôt que de baisser les bras et de jouer à la PlayStation®, levez-vous et assumez votre rôle de père !

La bave arrive

Un curieux phénomène va se produire vers les 2 mois de votre enfant : il va se transformer en escargot. Les dents commencent à faire leur long travail de *lobbying* pour s'installer dans la bouche et, pour faciliter leur arrivée, le corps réagit en augmentant la quantité de bave sécrétée par les glandes salivaires. Votre enfant pourra ainsi produire jusqu'à un litre de bave par jour et comme il n'a ni de dents pour faire barrage, ni le réflexe de déglutir, tout sort par la bouche ! Conclusion, ses vêtements sont tout le temps mouillés et votre parquet se voit offrir un petit lustrant naturel qui le fera briller. La vie est quand même bien faite !

Le début du sevrage

Si votre femme a décidé d'allaiter et qu'elle compte reprendre le travail à la fin du congé maternité alors le sevrage va bientôt commencer. La bonne nouvelle, c'est que vous allez enfin avoir le plaisir de donner à manger à votre enfant ! C'est une activité très agréable, un moment de câlin entre le parent et l'enfant. Pour ce qui est de la méthode du sevrage, ce sera à votre pédiatre de vous guider sur la procédure, alors n'hésitez pas à lui en parler. La mauvaise nouvelle, c'est que vous allez devoir commencer à laver les biberons... Ce qui, à mon sens, est l'une des corvées les plus pénibles du parent. Vous pouvez vous dire, là comme ça, que c'est pas bien méchant, mais on en reparlera que vous aurez nettoyé votre 2 000ᵉ biberon... Argh ! Qu'est ce qu'on ne ferait pas pour eux.

Les premières « nuits »

Chaque enfant est unique, et il en va de même pour le rythme auquel il réussira à se passer de manger la nuit. Vers 2 mois environ, vous devriez avoir droit à vos premières nuits. Attention, je ne vous dis pas que votre bébé dormira comme une souche de 19 h à 8 h du matin, loin de là. En revanche, c'est à peu près à cet âge qu'il pourra sauter le biberon de la nuit et dormir de minuit à 6 h d'une traite. Si vous n'êtes pas encore parent en lisant ce paragraphe, vous vous dites probablement « quoi ? ! C'est tout ? Mais c'est rien six heures de sommeil ! ». Alors que si vous êtes déjà l'heureux propriétaire d'un réveil en couche-culotte qui vous tire de votre repos toutes les trois heures, la perspective d'une nuit de six heures est un genre de petit miracle. Détail amusant, chaque fois que votre enfant changera de rythme de sommeil, c'est vous qui ne dormirez pas. On s'habitue à se faire réveiller à heures fixes, alors, le plus souvent, vous ouvrirez les yeux au milieu de la nuit en attendant le petit cri qui est censé vous rappeler de bien vouloir remplir la machine à manger. Mais cette nuit-là, rien. Et plutôt que de vous dire « ah ouf, il dort », comme tout parent qui se respecte, vous penserez « qu'est-ce qui se passe ? Y'a un problème ? » Et vous irez vérifier 25 fois qu'il respire. Cette attitude est normale, on appelle ça être parent !

Gouzi gouzi, risette à papa !

Des études ont démontré que, dès les premiers jours de vie, les bébés savent sourire, mais qu'ils ne le font qu'en dormant. C'est vers l'âge de 2 mois que votre enfant vous sourira de manière « consciente » en vous voyant vous-même sourire. C'est généralement à ce moment-là que le petit cœur du parent qui n'attendait que ça depuis deux mois se met à fondre « ah ouf, il m'aime ! » Bien sûr que votre enfant vous aime, vous êtes tout pour lui ! À partir du moment où votre enfant commence à sourire, son visage change et l'ambiance devient plus légère à la maison, car c'est le début des interactions et des jeux.

Jour 90

3 mois, votre enfant est déjà un grand ! Un trimestre s'est écoulé depuis sa naissance et chacun à la maison doit avoir trouvé son rythme. Votre enfant dort déjà bien mieux, vous êtes moins fatigué et votre enfant rigole lorsque vous lui chatouillez les côtes ! Bref, à 3 mois, vous serez probablement sorti du tunnel... et ça, c'est une bonne nouvelle.

Tape-tape sur tes mains... Aïe ! Pas sur papa !

À partir de 3 mois, votre enfant est nettement plus conscient du monde qui l'entoure, mais aussi de son propre corps et il est capable de faire des petits mouvements de bras pour aller toucher des jouets, ou accessoirement vous mettre une baffe pour vous témoigner de son affection. Pour jouer avec bébé, vous pouvez prendre ses mains et les taper ensemble, lui faire toucher différentes textures, lui faire secouer des jouets qui font des bruits différents. Vous verrez votre enfant rire et gazouiller par toutes ces découvertes. Étonnement, un bébé de 3 mois est capable de se reconnaître dans un miroir, ce qui le fait d'ailleurs là encore rigoler. Tous les coins de la maison sont autant d'occasions pour faire des découvertes et inventer des petits jeux. Les comptines et jeux de doigts les fascinent, alors surtout n'hésitez pas à donner de la voix.

Les premiers jouets

Posé sur son tapis d'éveil, votre enfant est désormais capable de passer quelques minutes à jouer seul. Donnez-lui le bon jouet et vous lierez l'utile à l'agréable ! À cet âge-là, les enfants découvrent tous leurs sens, ils aiment bien ce qui est coloré, ce qui bouge, ce qui fait du bruit... bref tout ce que les parents adorent ! Un tapis d'éveil avec un mobile est une bonne option, car les jouets sont sécurisés tout en étant à la hauteur des yeux de l'enfant. Il peut les voir facilement, les attraper et tenter de les mâchouiller. Plus tard, les arches du tapis d'éveil serviront de point d'appui à votre enfant pour qu'il puisse changer de position ou se tourner sur le ventre. Vous trouverez également dans le commerce des jouets premier âge « multisensoriels », ce sont généralement des doudous avec de nombreuses facettes, textures et matières différentes qui permettent à l'enfant de découvrir les sons et les matières et d'expérimenter sa motricité. Si vous n'êtes pas fan du concept, vous pouvez faire beaucoup plus simple en le laissant jouer (mais jamais sans surveillance) avec des mouchoirs de couleurs différentes, des hochets, des bracelets en plastique, ou encore une boîte à musique. Certains enfants sont tordus de rire lorsque l'on déchire une feuille de papier... pourquoi pas le vôtre ? Essayez !

Allo papa ? Areuh !

Voici le secret le mieux gardé de la parentalité, dès 3 mois, les enfants sont assez développés intellectuellement pour parler, et d'ailleurs ils le font. Toute la journée. OK, votre bébé ne va pas réciter du Molière, mais plutôt faire des areuh et des gazouillis. Mais ce sont là les formes primaires de la communication et plus vous discuterez avec lui, plus il structurera son langage. La difficulté, au départ, est de réussir à se convaincre que non seulement votre enfant vous comprend, mais qu'en plus, il vous répond. Je me souviens assez bien du jour où j'ai réalisé que je devais parler à ma fille pour l'aider à se développer. Plutôt que de lui parler comme un bébé, il fallait discuter avec elle, lui poser des questions... bref avoir un échange. Un peu unilatéral, c'est vrai, mais un échange quand même ! Je me suis donc plié à l'exercice, et au départ, j'ai eu l'impression de parler dans le vent. Et puis, rapidement, c'est devenu naturel ! Aujourd'hui, je ne dis pas que ma fille est la plus intelligente au monde (parce qu'elle l'est, bien sûr !) grâce à ça, mais c'était certainement bénéfique pour elle. Alors, rangez un peu votre timidité et parlez, parlez, et parlez encore !

La fin du congé mat' !

Et voilà, c'était une belle aventure, mais le congé maternité de votre femme arrive à son terme. Et comme tous les parents, vous allez profondément culpabiliser à l'idée de confier un si petit bébé à une nounou/assistante maternelle/crèche/grand-mère (rayez les mentions inutiles). C'est normal, et vous pouvez toujours vous rassurer en vous disant que ce sera certainement plus difficile pour vous… que pour votre enfant ! Plus exactement, ce pourra être une période particulièrement difficile à vivre pour Madame et c'est à vous, Môsieur le Papa, de faire en sorte que tout se passe bien. Pourquoi ? Et bien, parce qu'au cas où vous ne l'auriez pas encore remarqué, la société est particulièrement exigeante avec les femmes. On leur demande d'être parfaites à tous les niveaux, en tant qu'employée, que mère, que femme… Elles doivent être sur tous les fronts et assurer sans faillir. Sans oublier qu'elles doivent aussi retrouver la ligne, rééduquer leur périnée, allaiter, et se réconcilier avec ce corps qui a tant changé avec la grossesse.

Mais la femme, qui n'est pas un robot, a souvent tendance à encaisser sans broncher jusqu'à atteindre sa limite et s'épuiser. On risque alors le *burn-out*, et ça, c'est vraiment pas drôle. Alors, vous qui êtes un papa moderne, exemplaire, geek et fier de l'être, vous devez former un duo de super-parents et vous partager les tâches ! Aidez votre femme, faites un maximum de choses pour lui faciliter la vie, occupez-vous des courses en commandant sur le *drive* et en passant les chercher en rentrant à la maison, amenez votre enfant le matin à la nounou, ou encore faites les démarches administratives et surtout : ne rentrez pas trop tard et parlez avec elle ! Laissez-la vous raconter ses états d'âme, mieux écoutez-la et rassurez-la. À deux, on est plus fort. Ne l'oubliez jamais et vous vous en sortirez tous les deux la tête haute !

Top 5 des différents types de mamans

Au même titre que vous allez devenir père, votre femme va devenir mère. C'est logique. Aussi, peut-être vous demandez-vous la façon dont elle abordera ses nouvelles responsabilités. Va-t-elle se mettre à angoisser tout le temps ? Défendra-t-elle son enfant telle une louve ? Bref, vers quel profil psychologique de maman votre femme tend-elle ? Voici une liste non-exhaustive de quelques options possibles (promis, on ne se moque pas) :

La maman poule

On connaît tous quelqu'un dont la mère est une maman poule (c'est peut-être d'ailleurs votre cas). Comment la définir ? C'est le genre de mère qui serait capable d'apporter son goûter à son enfant en pleine classe alors qu'il a 17 ans. Pour elle, il restera toujours ce petit bébé joufflu sorti de son ventre. La maman poule se donnera toujours du mal pour que ses enfants soient toujours bien chouchoutés à la maison. Bref, elle couve toute sa vie. Par ailleurs, la maman poule fait un usage souvent immodéré des réseaux sociaux ou elle poste des photos de ses enfants à toutes les sauces.

La maman louve

Le loup n'est pas cet animal égoïste et sanguinaire que l'on croit, bien au contraire. Les loups sont des animaux sociaux qui vivent en meute et respectent l'autorité du chef. Les petits sont surveillés par tout le clan et, si un danger arrive, ils sont sous la protection des adultes. La maman louve aime le concept de tribu. Elle compte sur l'ensemble de sa famille pour former un tout, chacun étant garant de l'autre. Cette mère est très protectrice vis-à-vis des éléments étrangers à la meute, mais laisse relativement d'espace à ses enfants pour s'amuser entre eux.

La maman-chef des armées

À la maison, que ce soit avec vous ou avec les enfants, tout doit être bien carré ! Chaque chose à sa place et votre maison ressemble à un catalogue pour des boîtes de rangement. Rien ne dépasse, et les enfants ont intérêt à filer droit ! Voilà le profil de la maman autoritaire, stricte, mais juste. À partir du moment où on suit les règles, alors tout va bien. Certes, ce n'est pas fun tous les jours, mais les enfants auront des bases solides pour se confronter à la vie.

La maman Montessori

Ce petit sobriquet revient aux mères très au fait des dernières méthodes d'éducation et qui ont lu tous les livres sur le sujet. Une maman Montessori n'élève pas ses enfants, elle les éduque, leur montre le chemin vers un apprentissage épanouissant et vers l'autonomie. Elle sait comment parler à son bébé pour ne pas créer de traumatisme lorsqu'il aura 32 ans, et ça, c'est plutôt bien. En revanche, elle ne peut s'empêcher de prêcher la bonne parole aux autres parents… et ça, ce n'est pas toujours bien perçu.

La maman geek

La maman geek existe-t-elle ? Bien sûr, il en existe ! Mais elles sont plus rares que les papas geeks. Pourquoi ? Car l'univers geek s'adresse généralement à un public masculin (ce dont il ne faut pas être fier d'ailleurs). Mais il arrive de plus en plus souvent que des femmes jouent aux jeux vidéo, s'enthousiasme pour la science-fiction, l'informatique, et toutes ces choses que nous aimons tant. La maman geek possède les mêmes qualités que le papa geek, car elle cherchera à transmettre ses passions à ses enfants ! Et ça, c'est bien. Les parents geek sont ils les meilleurs parents au monde ? Je serai tenté de dire oui, bien sûr. Je ne suis pas objectif ? Hey, c'est mon livre !

Cent jours ! Vous y êtes !

Chers jeunes parents, bravo ! Vous voilà sortis du tunnel des cent premiers jours. Ce n'est pas encore facile tous les jours, mais vous avez certainement déjà bien pris la mesure du poste que la nature vous a confié : celui de parent ! Vous êtes fier d'être le père (ou la mère, mais ce livre est avant tout pour les papas, hein, je précise…) de ce petit bout d'amour qu'est votre fille ou votre fils. Vous commencez à vous affirmer dans vos choix, vos gestes, vos décisions et c'est bien ! Quand on est parent, on fait bien souvent des erreurs… mais ce n'est pas grave. Ce qui compte c'est de reconnaître qu'on s'est trompé, de réussir à garder l'esprit ouvert et changer d'attitude pour corriger le tir. Chaque jour qui passe va être plus facile que le précédent, chaque jour vous aurez en vous cette force supplémentaire, cette raison de vivre qui n'a pas d'équivalent : votre enfant, votre fierté ! Chérissez ce sentiment, vivez votre parentalité à 100 % et vous serez un homme comblé. Et n'oubliez jamais qu'aussi important que vous paraisse votre travail, ni l'argent, ni le pouvoir ne vous rendront les temps manqués avec votre famille. Cherchez votre équilibre pour être le parfait papa (geek) !

À la naissance, un bébé possède environ 305 os, soit 100 de plus qu'à l'âge adulte !
Le cerveau des bébés consomme 50% des ressources en glucose du corps, ce qui démontre l'énorme activité cérébrale à la naissance !
La couleur des yeux de votre enfant changera pour ne se fixer réellement qu'à… l'adolescence !
Pendant ses premières semaines de vie, votre enfant ne verra qu'en noir et blanc.
Les enfants nés prématurément seraient statistiquement plus nombreux à être gauchers que les autres.
Les nourissons ont 3 fois plus de papilles sur la langue que les adultes.
80% des bébés naissent avec une tache de naissance, qui le plus souvent disparaîtra avec le temps !.
Un bébé de 4 kilos possède en tout et pour tout 250 ml de sang dans le corps. L'équivalent d'une grosse tasse !
Jusqu'à l'âge de la propreté, votre enfant utilisera environ 4500 couches. Youpi !

Le bébé

Les applis utiles

Baby Manager® 2

(gratuit, iOS®)

La question que l'on se pose le plus souvent après la naissance d'un enfant, ce n'est pas « je me demande s'il sera médecin ou avocat ? », « est-ce qu'il est en bonne santé ? » ou encore « tu ne trouves pas qu'il me ressemble ? » LA question qui brûle toutes les lèvres et que vous poserez douze fois par jour (moyenne à la louche) c'est : « Quand est-ce qu'il a mangé déjà ? » Et, aussi curieusement que cela puisse paraître, même si vous lui donnez le biberon toutes les trois heures, vous n'aurez souvent du mal à vous rappeler précisément à quand remonte le dernier repas. Baby Manager® 2 (qui est la suite du 1, mais en plus joli, et avec une compatibilité Apple Watch®) vous permet non seulement de vous rappeler à quand remonte le dernier biberon, mais aussi de suivre les quantités données et réellement bues. Une petite app bien pratique pour les parents modernes (oui, parce que vous pourriez aussi faire la même chose avec un morceau de papier et un crayon… Mais bon, qui fait ça encore ? Écrire… pff c'est tellement 2012).

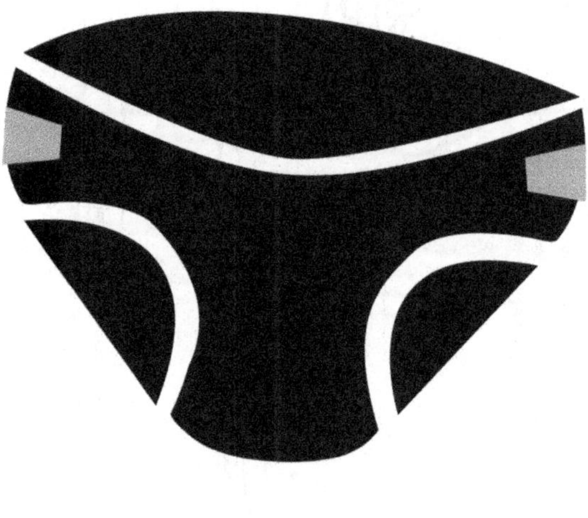

Bébé Connect®

(gratuit en version Web, 3,99 euros pour iOS®, Android®, Windows Phone®, Kindle Fire®)

Si vous êtes un geek du genre « data maniac », que vous adorez créer d'immenses tableaux de données, des courbes, des graphiques dans le but de suivre de près les changements et les évolutions de vos sujets préférés alors vous allez tomber amoureux de Bébé Connect®. Cette application vous permet de noter absolument TOUT ce qui concerne votre enfant et d'en suivre les évolutions *via* de nombreux graphiques. Mais tout, c'est quoi exactement ? Les tétées ou les biberons, bien sûr, mais aussi la durée du sommeil, l'humeur du jour, les durées d'activités et de jeu, les données médicales (température, taille, poids, etc.) et sans oublier les couches (fréquences, contenues, etc.). Vous pouvez suivre les données de vingt-cinq éléments différents et compiler le tout dans plus de trente-quatre graphiques. Toutes ces heures d'amusement en perspective, c'est formidable ! Et si ce n'était pas assez, vous pouvez même exporter ces datas au format CSV pour les utiliser dans Excel® et vous éclater à faire, je ne sais pas moi, des tableaux croisés dynamiques ! *Yeah !!* Il existe une version Web gratuite, et de nombreuses versions payantes pour smartphones. Tout est synchronisé automatiquement, ce qui est pratique pour passer des infos d'un utilisateur à l'autre. Bref, une application bien geek qui aura pour seul désavantage de vous faire passer presque plus de temps à tout noter qu'à regarder votre enfant. Mais ça, c'est à vous de voir si ça vous dérange.

Mais aussi...

Les messageries instantanées

Quel que soit votre téléphone, vous possédez forcément un logiciel de messagerie instantanée que ce soit Messenger®, WhatsApp® ou autre. En créant différents groupes de discussions avec les personnes essentielles à votre organisation quotidienne (la maman, la nounou, les grands-parents, etc.), vous pourrez échanger rapidement des informations clés ou des nouvelles sans avoir besoin de téléphoner. C'est un gain de temps essentiel, et cela vous permet de garder le lien avec certaines personnes qui sont éloignées. Bien sûr, cela ne vous soustrait pas au plaisir de passer un petit coup de fil de temps en temps à mamie !

Les assistants personnels

Il est loin le temps des tout premiers assistants personnels d'ordinateur à qui on devait lire un texte de trente minutes pour calibrer sa voix pour, au final, que ça ne fonctionne jamais ! Aujourd'hui les Siri, Cortona et autres OK Google sont bien plus efficaces quand il s'agit de reconnaître vos ordres. Et justement, ce serait dommage de ne pas en profiter ! Un assistant personnel sert essentiellement à noter des choses ou vérifier des informations quand vous avez les mains prises. Vous pouvez envoyer un message, créer une liste de choses à acheter, appeler quelqu'un, vérifier vos mails, etc. C'est très pratique, surtout pour ce qui est de dicter des messages quand vous êtes en train de donner à manger au petit dernier et qu'il faut absolument rappeler à votre femme d'acheter du pain en rentrant. Ce n'est qu'un exemple, vous pouvez bien sûr aussi lui demander de ramener des bières.

Comment trouver le bon mode de garde ?

À moins d'être riche comme Bruce Wayne et de pouvoir vous payer les services à plein-temps d'un majordome, il y a fort à parier que vous devrez trouver un système de garde conventionnel pour votre enfant. Le problème, c'est que ça n'a rien de facile. Les solutions sont nombreuses et il y a des dizaines de paramètres à prendre en compte. D'autant que vous ne serez pas nécessairement logé à la même enseigne en fonction de la région où vous vivez et de votre niveau de revenus. Comprendre les différents modes de garde et trouver celui qui vous correspond le mieux mériteraient un livre à part entière (si ça n'existe pas déjà). Nous n'allons pas entrer totalement dans le détail, mais voici déjà de quoi essayer d'y voir plus clair.

La crèche

Pour faire simple, il existe trois modes de garde différents : la crèche, l'assistante maternelle et la « nounou ». Celui pour lequel tout le monde serait prêt à vendre son âme si ça pouvait faire avancer les choses en leur faveur est bien évidemment la crèche. Ce système de garde collectif est idéal pour l'organisation des parents, la simplification des démarches administratives, l'épanouissement de leur(s) enfant(s) et bien sûr le renforcement de son système immunitaire (une façon polie de dire qu'un enfant en crèche est, globalement, tout le temps malade). Mais en France, selon votre lieu d'habitation, vous avez entre 40 et 10 % de chance d'obtenir une place en crèche. La somme que vous devrez payer dépend de votre niveau de salaire, et l'attribution d'une place se fait *via* une commission dont la date est généralement tenue secrète (il peut y avoir plusieurs commissions par an) pendant laquelle des élus et différents responsables étudient les dossiers. En fonction de la politique municipale en vigueur chez vous, les règles d'attribution peuvent changer. Certaines villes favorisent les familles où les deux parents travaillent, tandis que d'autres ont tendance à attribuer des places aux enfants dont les parents ne peuvent se payer une assistante maternelle. Pour info, il existe différents types de crèches. Certaines sont municipales, d'autres privées, ou encore familiales. Vous trouverez tous les renseignements sur Internet. Cerise sur le gâteau, vous pourrez déduire de vos impôts sur le revenu jusqu'à 1 150 euros de vos dépenses de frais de garde ! En plus de faire la démarche pour obtenir l'hypothétique sésame (renseignez-vous en mairie pour connaître la procédure), il faut également prendre en considération les autres options pour ne pas se retrouver coincé le premier jour où votre femme reprendra le travail.

La nounou

Qu'on l'appelle nounou, tata, ou simplement par son prénom, la nourrice est une personne qui s'occupe de garder votre enfant partout SAUF chez elle. Dans cette relation, vous êtes un employeur particulier et la nourrice est votre salariée. À ce titre, vous devrez donc établir un contrat, lui verser son salaire (généralement une somme forfaitaire) et payer des charges patronales. Ces dernières représentent environ 30 % en plus du salaire mensuel à payer chaque mois, ce qui explique pourquoi bien souvent ce genre d'emplois se fait au noir. À titre personnel, je vous recommande de toujours déclarer vos employés, d'abord pour des questions d'assurances, mais aussi parce que sans cela vous ne pouvez bénéficier de l'important avantage financier lors de votre déclaration sur le revenu. En effet, il est important de savoir que vous pouvez déduire 50 % de vos dépenses liées à l'emploi d'une personne à domicile (qu'il s'agisse d'une garde d'enfant, d'heures de ménage ou autre) jusqu'à un plafond de 15 000 euros. Concrètement, si en année N vous avez dépensé 12 000 euros en employant une nounou à domicile pour garder votre enfant, vous pourrez alors déduire 50 % de cette somme, soit 6 000 euros du montant de vos impôts en année N + 1. C'est très intéressant financièrement, mais il faut pouvoir avancer la trésorerie la première année. Pour un jeune enfant, la nounou est une solution intéressante puisqu'il restera chez lui dans un environnement bien connu. Si les frais sont trop importants, sachez que vous pouvez tout à fait partager une nounou avec plusieurs familles soit en alternant les lieux de garde soit en privilégiant un seul et même endroit.

L'assistante maternelle

L'AM se distingue de la nourrice *via* deux critères importants. D'une part, elle a passé une formation et obtenu un diplôme lui permettant de garder officiellement un certain nombre d'enfants. D'autre part, le lieu de garde se fait exclusivement chez elle. Ainsi, ce sont les parents qui se vont déposer l'enfant chez l'ass' mat' (comme on dit quand on est cool) et non pas l'inverse. L'AM n'est pas payé au forfait, mais à l'heure, avec un tarif conventionné qui impose un minimum de 2,80 euros bruts de l'heure. Dans les faits, le tarif usuel est plutôt autour de 4 euros de l'heure. Mais la bonne nouvelle, c'est que vous n'aurez pas à payer les charges patronales ! Dans le cas d'un contrat avec une assistante maternelle, bien que vous soyez officiellement son employeur, c'est l'État qui se chargera (à travers la CAF) de s'acquitter des charges patronales. La facture est donc moins lourde de ce côté-là. En revanche, vous devrez verser à votre AM des frais journaliers pour l'entretien de son domicile (généralement 3 ou 4 euros) ainsi que des frais de nourriture (*idem*, 3 ou 4 euros). Ajoutez encore que vous devrez fournir le lait, l'eau et les couches, et au final faire garder votre enfant vous coûtera malgré tout assez cher. La mauvaise nouvelle, c'est que l'avantage fiscal est bien moins intéressant que pour une nourrice puisque, si vous pouvez effectivement déduire une partie de vos dépenses de garde de vos impôts, celle-ci est limitée à 50 % d'un plafond assez bas (attention à la tête) de 2 300 euros. En clair, vous ne déduirez que 1 150 euros de vos impôts (comme pour les crèches). C'est nettement moins chouette.

N'oubliez pas les aides !

Quelle que soit la solution retenue, faire garder son enfant coûte de l'argent. Nous l'avons vu, il est possible de déduire une partie des dépenses *via* les impôts sur le revenu, mais ce n'est pas tout ! La CAF, qui va devenir votre nouvelle super-copine à partir du moment où vous devenez père, vous versera plusieurs aides aux conditions variables et regroupées sous l'appellation PAJE (Prime Accueil Jeune Enfant). Parmi ces aides, il y en a une qui est spécifique à la garde, c'est le complément de libre choix du mode de garde. Le montant de ce dernier dépend du nombre d'enfants que vous avez à votre charge et de vos revenus de l'année N - 2. Attention, cette aide n'est valable que pour les nourrices et assistantes maternelles. Comme le tarif de la crèche dépend déjà de votre revenu, vous n'avez pas besoin de cette aide (enfin, vous pouvez en avoir besoin, mais vous n'y aurez pas droit. Nuances, nuances…) En plus de cette manne financière surabondante (ironie), renseignez-vous auprès de votre région ou de votre ville pour voir s'il n'existe pas une aide complémentaire. C'est par exemple le cas à Paris (PAPADO), dans le département des Hauts-de-Seine (Bébédom), en Seine-Saint-Denis (ADAJE), et probablement un peu partout ailleurs. Alors, à moins d'être frappé de phobie administrative, n'hésitez pas à vous documenter pour essayer d'économiser quelques pécules. Qui sait, vous pourriez en avoir besoin.

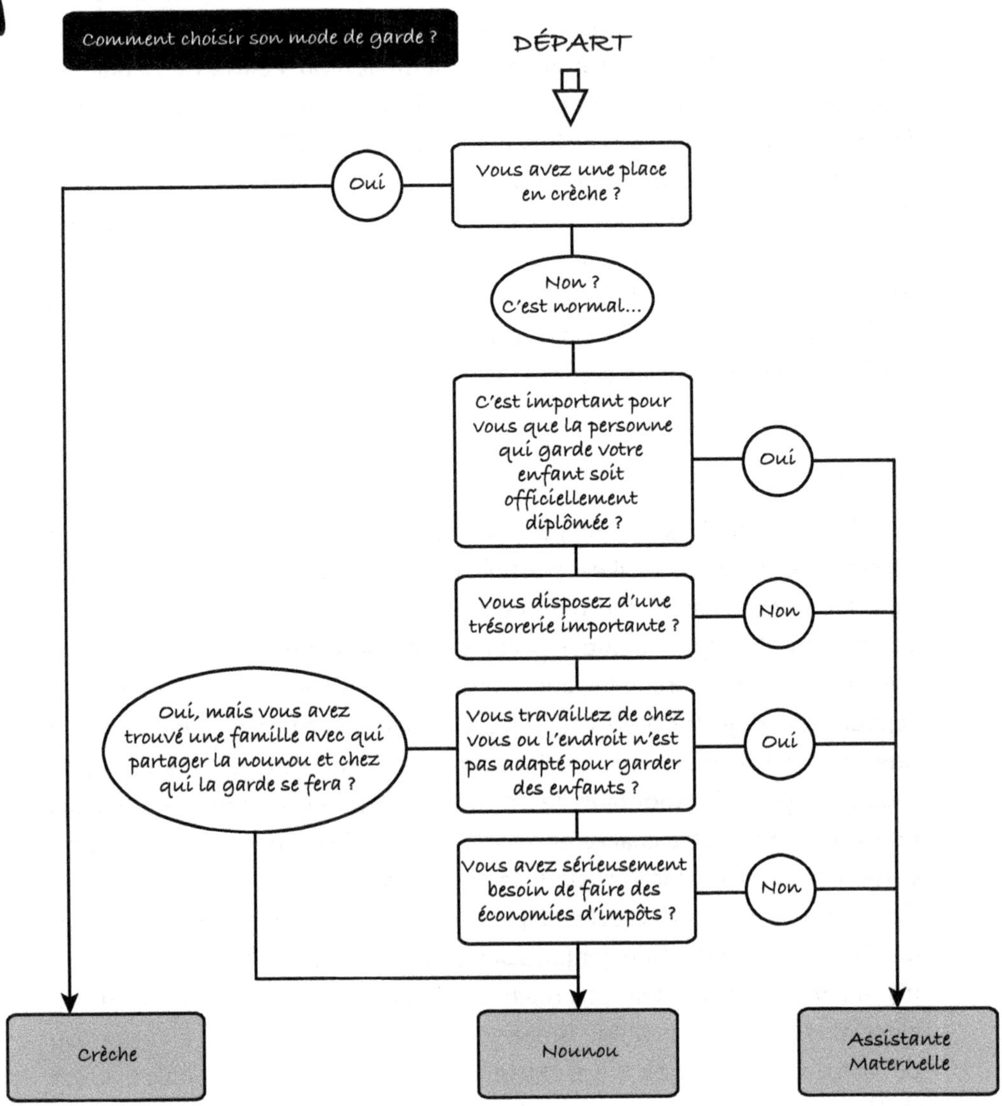

15 trucs que vous ferez en tant que parent… et que vous aviez pourtant juré ne jamais faire

C'est fou ce qu'on peut être sûr de soi avant d'être parent, et comment ces certitudes vont voler en éclats assez rapidement après la naissance de votre premier enfant. On a tous en tête des clichés sur la parentalité que l'on croit pour vrais et acquis. Pourtant, une fois dans le bain, il arrive assez souvent qu'on change d'avis. Je suis sûr que vous vous reconnaîtrez dans cette liste. Peut-être pas la première année, mais revenez ici quand votre premier enfant aura 3 ans : vous aurez fait chacune de ces 15 choses. Juré.

1. Aller au parc pour enfants (et trouver ça sympa).
2. Voir (encore, et encore) *La Reine des neiges/Cars*.
3. Débarbouiller votre enfant avec votre bave.
4. Trouver mignons les enfants des autres (même si parfois vous mentirez un peu).
5. Renoncer aux grasses matinées pour jouer avec les enfants (et ne pas regretter votre vie d'avant).
6. Dire à tous vos potes « Franchement, c'est trop de bonheur » (parce qu'objectivement, c'est trop de bonheur !).
7. Donner des leçons de vie à vos amis qui n'ont pas encore d'enfant en mode « daron » (désolé les copains).
8. Parler, très sérieusement, du contenu des couches et des petits problèmes de santé de votre enfant avec d'autres papas.
9. Céder pour cette poupée de la Reine des neiges/Spiderman qui lui fait tellement plaisir !
10. Embrouiller votre enfant en public et passer pour un père autoritaire (parce que bon, c'est pas facile tous les jours d'être aussi sage que maître Yoda).
11. Allumer la TV ou lui donner une tablette pour avoir la paix trente minutes.
12. Aller au spectacle de Tchoupi et céder pour acheter une merdouille vendue dix fois son prix.

13. Aller dans un parc d'attractions pour l'ambiance et les spectacles, sans monter sur une montagne russe.

14. Vous coucher au moins une fois par semaine à 21 h 15.

15. Arrêter un autre papa dans la rue pour lui demander le modèle de sa poussette, parce qu'elle à l'air franchement bien !

Les premiers jouets et livres pour bébé

Dans la nature, le jeu est l'une des formes les plus efficaces d'apprentissage pour les nouveau-nés. Toutes les espèces jouent à faire comme les grands pour apprendre les rudiments de la vie et de la survie. C'est notamment très visible avec les chats et les chiens qui jouent régulièrement à la bagarre pour s'entraîner à chasser. Et les petits humains alors ? Le jeu a une part fondamentale dans le développement du cerveau, de l'intelligence et de la perception du monde qui nous entoure. Mais attention, il ne faut pas non plus vouloir aller trop vite ! Dès la naissance, par exemple, l'enfant aura mille et une sources de stimulations. Il sera trop occupé à découvrir le monde par lui-même, aussi les jouets ne servent à rien avant le deuxième mois.

2-3 mois : les premiers jouets

Quand l'enfant est petit, il n'est pas difficile de lui faire plaisir (c'est plus tard, vers 15 ans, que ça se complique... *Joke.*) et tout ce qui l'entoure pourra faire office de jouet. Un tissu de couleur, une boîte en carton, une balle molle, une paire de chaussettes... Plus c'est simple, plus ça marche ! Les boîtes à musique, mobiles et autres doudous sont les bienvenus. Vous pouvez aussi opter pour le jouet multisensoriel qui propose plein de textures et bruits différents. Certains bébés aiment, d'autres n'accrochent pas. C'est à eux de choisir !

Level up

Achievement unlocked : première année de papa !

Cette deuxième partie vous accompagne pendant la première année de vie de votre enfant. Par conséquent, à la fin de cette partie vous devriez avoir 365 jours d'expérience de papa. Bon anniversaire ! (Si ce n'est pas le cas, revenez plus tard.)

http://monpapaestungeek.fr/badgeslivre/papa-premiere-annee.jpg

Parole aux papas

Cédric Charbonnel. www.uncailloudansmonsoulier.net

Aussi étrange que cela puisse paraître, Cédric se définit lui-même comme étant le marteau et la plume de son propre blog. Une formule pour dire qu'il s'occupe à la fois de la partie visible (l'écriture) et invisible (le code). En plus d'avoir un blog qui parle de tout ce qui lui passe par la tête, Cédric a également écrit un roman *Des étoiles rouges et blanches*. Bravo !

Est-ce qu'il y a des choses sur la paternité que tu avais imaginées avant la naissance et qui se sont avérées fausses (en bien ou en mal) ?

Oui. TOUT. Je n'avais certes pas imaginé de me retrouver veuf d'une féministe, ce qui veut dire que j'ai dû mettre la main à la pâte à peu près 2 000 % plus que mon propre père (au moins), mais c'est vrai que j'avais une idée assez « vieux jeu » du rôle du père, n'ayant pas de papa poule identifié dans les pères de mon entourage.

Même l'exercice de l'autorité (tâche traditionnellement octroyée au père dans la version « vieux jeu ») n'a rien à voir avec l'image que je m'en faisais. Autant dire que j'ai sauté en toute innocence dans un tsunami en croyant que j'allais pouvoir faire du surf. Une fois descendue la première vague, il a fallu apprendre à nager vite. J'ai survécu, mais pour ceux que ça intéresse, je suis encore mouillé.

Quel super-pouvoir aimerais-tu avoir pour te faciliter la vie au quotidien ?

Le pouvoir de revenir dans le passé pour mettre un préservatif, ça serait bien, non ? Non ? Ah bon ! Alors, la télékinésie me plairait bien. Pouvoir tout faire en même temps, et de préférence en restant assis, c'est tout de même un *must*. Un parent n'a jamais assez de bras.

As-tu un modèle (réel ou fictif) qui t'a inspiré pour devenir le père que tu es aujourd'hui ?

Dis comme ça, ça va faire bizarre. C'est bon, tout le monde est assis ? Ma mère. Ma mère était un père tel qu'on le conçoit aujourd'hui : autoritaire et aimante, dépassée mais ne le montrant pas. Certes c'était aussi une mère avec tous ces trucs qui nous manquent comme des hanches larges pour asseoir les enfants en les portant, la capacité à téléphoner en changeant une couche sans se tromper de sens et cette abnégation toute féminine.

En tant que père, quelle est la phrase que tu répètes le plus souvent ?

En ce moment, ça doit être « Tout de suite ». Il faut dire que Ti-cul a la fâcheuse tendance à avoir son propre agenda, sa propre notion de l'heure et sa propre notion des priorités. Par exemple, il lui faut quinze minutes pour se laver les dents, dont dix pour attraper sa brosse à dents en se regardant dans le miroir, se racontant des histoires, voire en chantant. C'est un peu long, surtout le matin. Et surtout le soir.
En seconde position, il y a « Peux-tu te taire ? » au coude-à-coude avec « Peux-tu faire les choses que l'on te demande quand on te les demande ? » C'est bizarre ; il y a comme une odeur de pré-pré-adolescence chez ce bébé-là.

Selon toi, le père idéal c'est quoi (s'il existe) ?
C'est une très bonne question, mais je n'en ai aucune idée.
Le philosophe qui ronfle en moi dirait « un père présent »... mais là encore, il y a matière à se faire une crampe au neurone : qu'est-ce qu'un père présent ? Être là n'est pas être présent. (On ne devrait jamais poser des questions aux philosophes.)
Je crois que le père idéal, c'est surtout celui qui sait qu'il ne l'est pas mais qui fait au mieux.

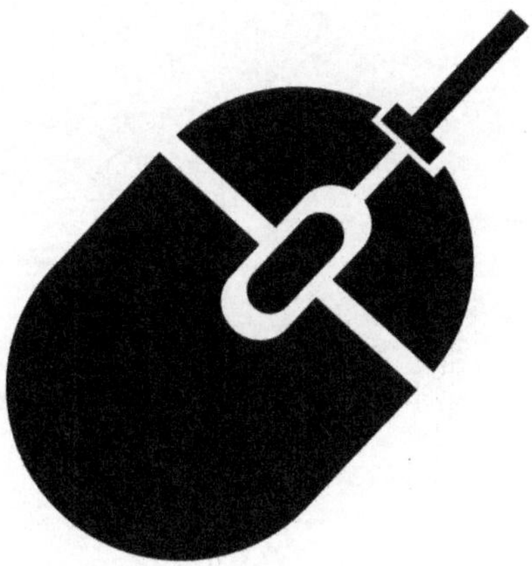

PARTIE 3

Nouveau papa en vitesse de croisière

Entre bonheur et frustration : bienvenue chez les parents !

Au bout d'une première année de vie de papa, vous aurez traversé de nombreuses épreuves qui vous auront fait gagner beaucoup de points d'expérience. Vous aurez une vision plus posée sur votre rôle, et les angoisses du nouveau parent ne seront plus aussi fortes. Vous serez capable de résoudre seul les problèmes du quotidien sans forcément vous dire qu'il faut appeler les pompiers au moindre petit bobo. Bref, à plus d'un titre, vous avez grandi en même temps que votre enfant.

Mais ce n'est que la première étape d'un long voyage !

Pendant votre périple, vous serez dopé au bonheur infini de voir votre enfant grandir, s'épanouir, rire, jouer et s'émerveiller de la vie. Chaque jour pourra être un moment de plaisir... à condition de réussir à gérer la frustration. Car oui, être parent est frustrant. Entre le cahier des charges que l'on se donne au début de la prise de fonction et ce qu'on arrive finalement à en faire, il y a parfois des écarts considérables. Certains arrivent à se détendre sur le sujet, mais d'autres culpabilisent et se considèrent comme de mauvais parents.

À cela s'ajoute la frustration du quotidien, comme celle de devoir confier à des inconnu(e)s le soin de s'occuper de votre enfant alors que vous devez retourner travailler. La frustration de ne pouvoir toujours réagir correctement quand votre enfant fait une bêtise à cause de votre fatigue qui s'accumule. Bref, pour simplifier et pour paraphraser un célèbre chanteur « dur dur d'être parent ». Heureusement, les moments de bonheur sont si intenses qu'ils permettent d'oublier le reste... Enfin, disons au moins temporairement, et c'est déjà pas mal.

Protégez-vous du *Baby-Clash* !

Faisons un exercice simple, vous allez fermer les yeux (finissez de lire les instructions d'abord) et imaginer la représentation de la famille idéale. Allez-y, j'attends que vous ayez terminé. Alors, qu'avez-vous vu ? Un couple heureux autour de ses deux enfants qui s'amusent follement autour d'une partie de jeu de société dans une belle maison bien rangée ? Dans cette image d'Épinal, tout le monde sourit et semble si parfaitement heureux que rien ne semble pouvoir entraver leur joie.

Cette représentation mentale de la famille nous est vendue, essentiellement, par le monde magique de la publicité. Les marques usent et abusent de ces parents parfaits qui « ont toujours des Kinder® Chocolat à la maison, enfin voyons Michel ! » Le problème, c'est que nous, les vrais parents, on se compare à cette image impossible et on se dit qu'on n'est pas à la hauteur. Cela génère alors de la déception et de la frustration, qui ajoutées à la fatigue et aux difficultés de l'arrivée du premier enfant peuvent conduire au *Baby-Clash*.

Il s'agit d'une zone de turbulence traversée, plus ou moins fortement, par tous les parents. Certains arriveront à s'en sortir en réussissant à ouvrir le dialogue, alors que pour d'autres cela se terminera par une séparation. Pour éviter d'en arriver à de telles extrêmes, voici quelques conseils simples que vous pourrez mettre en pratique (mais pas forcément dans cet ordre) !

Pensez à vous

Une erreur de bien des parents consiste à penser qu'il faut entièrement se sacrifier pour ses enfants. Il est vrai que vous sacrifierez certaines choses, comme ce vieux jouet collector Star Wars encore sous blister qui a l'air de tellement amuser votre enfant, et plus étonnant encore, vous le ferez avec plaisir. Mais cela ne veut pas dire que vous devez être l'esclave de votre rôle. Vous n'êtes pas qu'un père, vous devez être aussi un homme ! Restez fidèle à vous-même et offrez-vous de temps en temps de petites pauses pour souffler un peu. Cela peut être de retrouver un soir par semaine vos vieux potes, de vous faire une séance ciné ou, comme moi, une petite partie de jeu vidéo ! L'important c'est de garder du temps pour vous, afin de mieux redevenir ensuite le père et le mari aimant.

Pensez à elle

À cause d'un long bagage culturel, les femmes ont souvent tendance à endosser plus de tâches ménagères que les hommes. Elles font plus de choses pour les enfants ou la maison, quand bien même elles seraient au bout du rouleau et qu'elles devraient se reposer. Histoire de pousser le paradoxe encore plus loin, elles ont bien souvent tendance à intérioriser leurs besoins au lieu de vous demander de l'aide. Alors que faire ? Et bien, c'est à vous d'aller vous assurer que tout va bien en parlant avec elle, et surtout en la soulageant de ce qu'elle fait en trop. Essayez d'avoir une répartition équitable des tâches, mais aussi des loisirs. Si vous avez droit à un petit *break* de votre côté, elle aussi doit pouvoir en bénéficier. C'est tout aussi important pour elle que pour vous, alors soyez *smart* et proposez-lui d'aller se faire une soirée entre copines histoire de souffler un peu !

Pensez à votre couple

Enfin, troisième ingrédient de ce cocktail 100 % bonheur, pensez à vous deux en tant que couple. Il est important de réussir à recréer une nouvelle dynamique dans votre relation, d'en redéfinir les paramètres et les contours. Se retrouver, cela ne veut pas forcément dire allez une semaine en tête-à-tête à Venise (bien que ce soit tout à fait recommandé !). Vous pouvez simplement vous faire un petit resto de temps à autre, voire simplement vous retrouver pour discuter une heure ou deux une fois que vous aurez couché votre enfant. Ne tombez pas dans le piège de la « petite série » qui, certes, fait passer du temps physiquement côte à côte, mais pas réellement ensemble. Vous devez échanger, dialoguer, et vous retrouver physiquement. Ensuite, vous pourrez regarder le dernier épisode de *Game of Thrones*. Quoi ? ! Vous ne l'avez pas encore vu ? C'est un truc de fou !

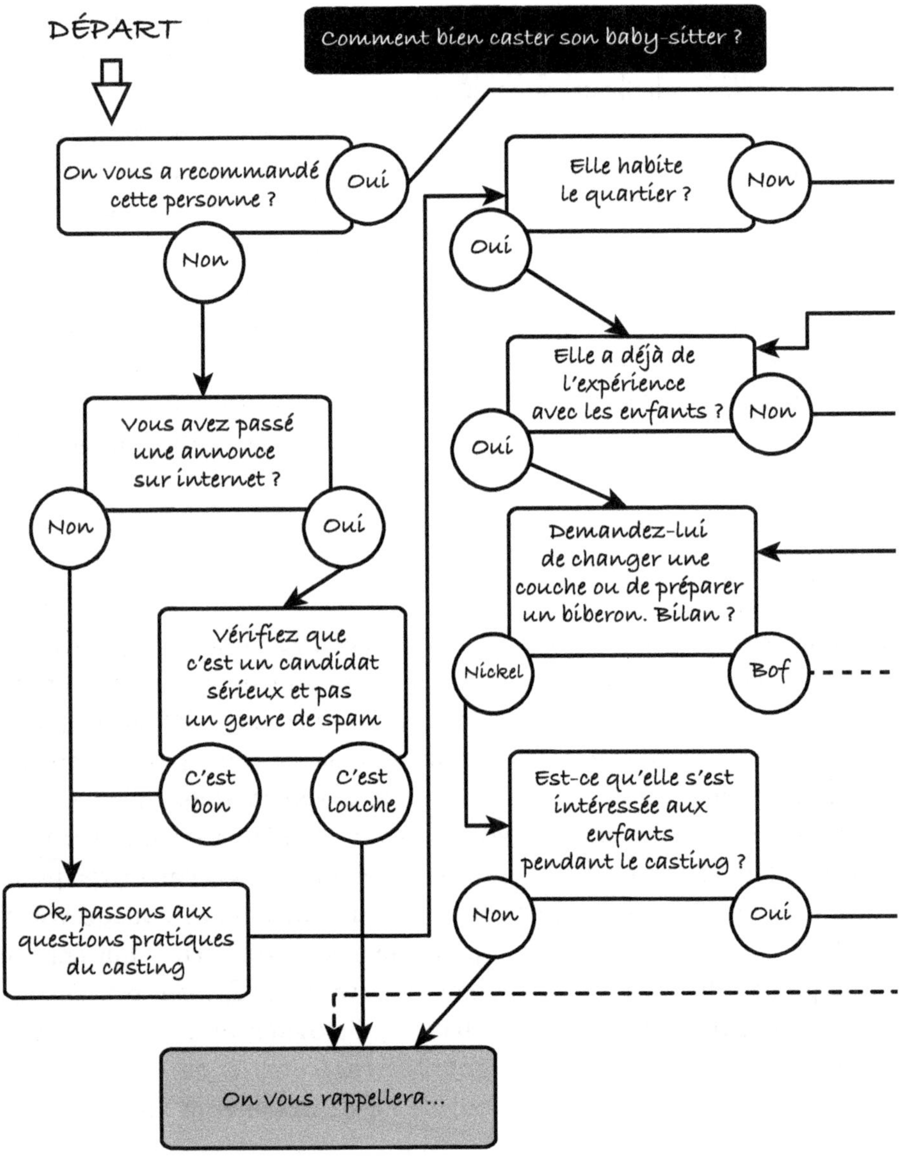
Comment bien caster son baby-sitter ?
DÉPART
On vous a recommandé cette personne ?
Oui
Non
Vous avez passé une annonce sur internet ?
Non
Oui
Vérifiez que c'est un candidat sérieux et pas un genre de spam
C'est bon
C'est louche
Ok, passons aux questions pratiques du casting
Elle habite le quartier ?
Non
Oui
Elle a déjà de l'expérience avec les enfants ?
Non
Oui
Demandez-lui de changer une couche ou de préparer un biberon. Bilan ?
Nickel
Bof
Est-ce qu'elle s'est intéressée aux enfants pendant le casting ?
Non
Oui
On vous rappellera...

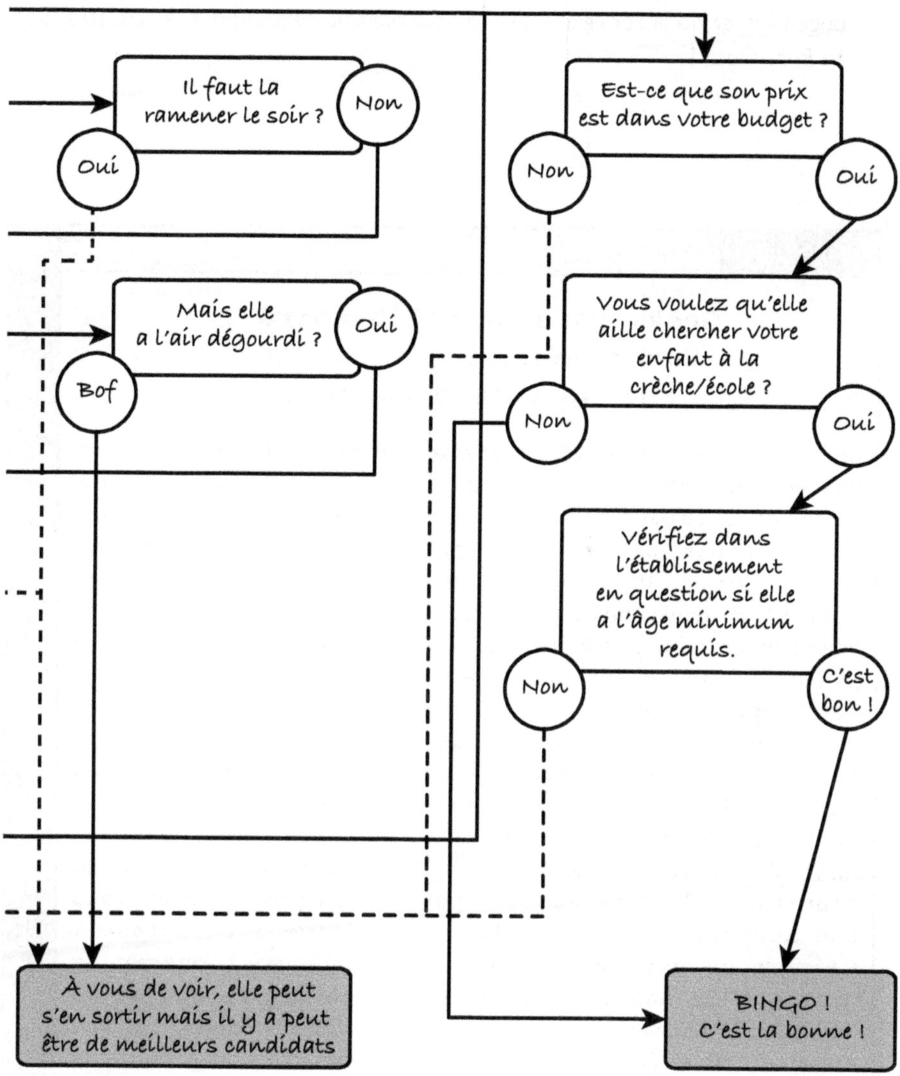
Il faut la ramener le soir ?
Non
Oui
Mais elle a l'air dégourdi ?
Oui
Bof
Est-ce que son prix est dans votre budget ?
Non
Oui
Vous voulez qu'elle aille chercher votre enfant à la crèche/école ?
Non
Oui
Vérifiez dans l'établissement en question si elle a l'âge minimum requis.
Non
C'est bon !
À vous de voir, elle peut s'en sortir mais il y a peut être de meilleurs candidats
BINGO ! C'est la bonne !

Le chiffre qui fait peur

30 % des couples se séparent après un premier enfant. Cela n'est pas directement dû à l'enfant en tant que tel, mais plutôt aux difficultés que son arrivée engendre, et de la réorganisation du couple que cela impose. Alors, attention au *Baby-Clash* !

**Geek, papa et célibataire ?
Bonne nouvelle, vous êtes
le nouveau Brad Pitt**

Le papa geek est souvent passé par une enfance geek, et une adolescence geek. Mais du temps de sa jeunesse, être un mordu d'informatique, de jeux vidéo et de science-fiction n'était certainement pas le plus attrayant des points forts. Un t-shirt Naruto ou une casquette Star Wars ne vous donnait pas franchement le *sex-appeal* d'un tombeur et réussir à se lier amoureusement avec une fille pouvait alors poser problème.

Le temps a passé, vous êtes devenu père et pour certains d'entre vous, vous êtes redevenus célibataires. Si vous cherchez alors à conquérir à nouveau le cœur d'une personne avec qui passer un temps plus ou moins long, bonne nouvelle, car vous êtes maintenant le nouveau Brad Pitt ou Georges Clooney. Sans ne rien faire d'autre qu'être père, vous possédez en vous une nouvelle arme de séduction massive : un enfant ! Ce dernier est un excellent prétexte pour ouvrir le dialogue de manière parfaitement naturelle auprès de la gent féminine. De plus, en marchant dans la rue avec votre enfant, vous sentirez sur vous les regards attendris des passantes, certaines (le plus souvent) souriront à votre enfant… mais d'autres vous souriront directement. *Oh yeah* !

Ajoutez à cela que, puisque vous êtes un père, vous semblez sérieux et vous avez tout du bon parti. De plus, le geek est à la mode et avoir aujourd'hui des compétences informatiques, c'est savoir se sortir de toutes sortes de situations complexes engendrées par notre société hautement technologique. En gros, vous êtes comme un poisson dans l'eau et vous avez le *lead* sur de nombreux sujets.

Résumons, vous êtes père, vous avez un ou plusieurs enfants qui sont capables d'attirer l'attention sur vous et de vous permettre d'ouvrir le dialogue, vous êtes geek et semblez sérieux. Si vous faites l'effort de bien vous habiller et de vous entretenir physiquement, vous allez faire des ravages. En avant les beaux gosses !

Apprenez à utiliser la VOIX

Dans l'univers des romans *Dune* de Frank Herbert, certains personnages ont la capacité unique d'utiliser la « voix », ou encore appelée l'Art Étrange. En jouant sur les harmoniques des sons, ils peuvent alors commander à d'autres personnes et se faire obéir instantanément. Ce pouvoir, c'est le rêve de tous les parents ! Bonne nouvelle, vous aussi, vous pouvez utiliser la voix ! Enfin… un genre de voix.

La grosse voix du papa

À vrai dire, il y a fort à parier que vous utilisez déjà ce pouvoir sans pour autant en avoir conscience. Lorsque votre enfant se met en danger ou qu'il s'apprête à faire une bêtise, comment réagissez-vous instinctivement ? Si un puissant NON ou STOP sort de votre bouche, c'est que vous avez déjà activé la voix. Quel est son principe ? Il ne s'agit pas simplement de hausser le ton et de ruiner ses cordes vocales. Au contraire, la voix doit partir du ventre pour gagner en intensité et en portée. Si vous avez déjà fait du théâtre, la technique est identique que ce que l'on utilise pour faire porter sa voix le plus loin possible. Si vous n'avez jamais fait de théâtre… il n'est jamais trop tard ! Pour faire simple, disons qu'il faut utiliser une voix assez grave et expulser beaucoup d'air. C'est plutôt simple à réaliser quand on ne prononce que des mots monosyllabiques comme non ou stop. Avec un peu d'entraînement, vous réussirez rapidement à dire « arrête de mettre de la confiture dans les chaussures de ta mère ». Une phrase que vous serez amené à dire plus régulièrement que vous ne le pensez.

Attention aux conséquences

En entendant votre grosse voix, votre enfant s'arrête généralement instantanément dans ses mouvements, voire se fige carrément. C'est très pratique lorsqu'il est sur le point de faire une très grosse bêtise, ou qu'il se met en danger. En revanche, la conséquence quasi systématique c'est qu'il se mettra à pleurer. Pourquoi ? Parce que cette voix fait peur. Elle fait écho aux peurs primaires de l'enfant, les grands bruits, les monstres, etc. C'est pourquoi il faut se méfier de ce pouvoir et ne l'utiliser qu'en cas de dernier recours ou de danger imminent. La voix ne doit certainement pas être utilisée au quotidien pour inciter votre enfant à mettre sa culotte ou finir son bol de riz, faute de quoi, c'est votre image de père qui en pâtira, car vous n'incarnerez que l'autorité terrifiante. Le plus souvent, il faut s'efforcer à utiliser la manière douce pour expliquer les choses, contourner les problèmes et débloquer les situations. Comment faire ? Pour en savoir plus, lisez ce qui suit !

Top 5 de vos nouveaux jurons

Les enfants sont des éponges qui reproduisent absolument tout ce qu'ils voient et entendent. Plus encore que ce que vous leur demandez de faire ou de ne pas faire, c'est votre propre comportement qui les influence le plus. Vous comptiez sur le « fais ce que je dis, pas ce que je fais » comme principe de base de votre projet pédagogique ? Ça risque de coincer... notamment pour ce qui est des gros mots et des jurons.

Avant d'avoir des enfants, vous avez certainement entendu des parents dire des mots comme « flûte alors ! » ou « punaise ! » Il y a de fortes chances qu'à ce moment-là, vous vous soyez juré de ne jamais avoir l'air aussi bête quand vous aurez des enfants.

Le problème, c'est que lorsque votre enfant de 3 ans lâchera son premier « putain ! » en renversant son bol de lait au petit-déjeuner, ou quand sa mamie dira non pour le troisième tour de manège, ça jettera comme un froid dans l'air.

Pour éviter ces désagréments, vous n'avez pas le choix, il faut tenir votre langue. Mais bon, comme je suis un gars sympa, je vous propose ici le top 5 des phrases qui peuvent remplacer vos gros mots et jurons sans avoir l'air d'une grosse nouille.

Putain ! -> Câlice !

Câlice est un juron québécois qui s'emploie plus généralement pour dire « je m'en câlice », c'est-à-dire « je m'en fous ». Bien qu'ici il soit utilisé à contre-emploi, je trouve qu'il possède la même énergie que le mot qu'il remplace. Un bon petit « cââââliiice » quand on fait tomber son appareil photo dans l'eau, ça soulage.

Et merde... -> Et nerd...

Remplacer un gros mot par un autre à la sonorité proche, mais tout à fait acceptable est une technique qui fonctionne bien... à condition de bien choisir les remplaçants ! « Et nerd » (de préférence à prononcer à l'américaine, *neurd*) offre le double avantage de rester poli tout en apprenant les bases du vocabulaire de l'Internet à votre enfant. Chouette !

J'en ai ras-le-cul -> Je suis au bout du roulsif

Je tiens celui-là d'un ex-collègue de travail de ma femme. Il fonctionne tellement bien qu'il a intégré directement sa fonction dans notre vocabulaire familial. Comment l'utiliser ? « Pfff, j'ai tellement rangé les jouets là, je suis au bout du roulsif. » Simple, sobre, efficace. Parfait.

Mais quel con celui-là -> Mais quel gnon !

Voilà la situation : vous êtes sur l'autoroute des vacances avec toute votre petite famille. Tandis que vous êtes sur la voie du milieu à rouler tranquillement, un type vous dépasse par la droite et se rabat comme un sagouin pile devant vous. Votre première réaction serait de l'insulter, mais il y a les enfants derrière. Vous n'allez quand même pas avaler toute cette rancœur, il faut que ça sorte sinon ça finira en ulcère. Traitez-le alors de « gros gnon » et vous vous sentirez soulagé. Si, si !

Fais chier ! -> RRRRRgmgmgnnhnhnhnh

Pour tous les autres gros mots ou jurons, si vous n'avez pas de remplaçants valables, alors utilisez la carte du grommellement. Cela présente l'avantage de libérer votre peine tout en étant impossible à imiter. Bon, évitez quand même de grommeler à voix haute pendant une réunion avec tous vos collègues. On vous regardera d'un air étrange.

Maîtrisez l'art de la fourberie !

Le job à plein-temps d'un enfant consiste à jouer. Chaque moment de la journée est prétexte au jeu, à la découverte et à l'amusement. Le problème étant que nous autres, les parents, n'avons pas toujours le temps de jouer ou la patience d'attendre que l'enfant ait terminé. Nous ne savons que trop que la vie d'adulte n'est pas un jeu permanent (ça serait pourtant sympa) et qu'il y a une différence entre les choses que l'on a envie de faire et celles qu'il faut faire.

Une erreur classique consiste à croire que c'est notre rôle de jouer les rabat-joie en donnant des leçons de vie à nos enfants pour qu'ils découvrent que la vie, ce n'est pas toujours la grosse éclate.

Certes, il en va de notre responsabilité d'éduquer nos enfants pour qu'ils puissent s'adapter à la vie en société, et pour cela il faut effectivement leur faire comprendre que l'on ne fait pas toujours ce qu'on veut. Mais l'erreur c'est de le faire *via* la confrontation directe.

Nombre de livres, qui par ailleurs sont bien intentionnés, vous proposent d'utiliser des méthodes douces prônant le dialogue, la compréhension et les *deals* « win-win » pour se sortir des impasses. Je suis parfaitement en phase avec ces conseils que je recommande vraiment, mais soyons honnêtes, au quotidien, la méthode douce trouve rapidement ses limites lorsque votre enfant commence à vous tenir tête.

L'enfant qui dit non

Le problème, pour le père aimant que vous êtes, c'est que vous ne verrez pas venir la transformation psychologique de votre enfant, autour de ses 2 ans, qui ne sera plus ce petit être d'amour docile et obéissant et deviendra une véritable machine à dire non.

Quand il est encore jeune, votre enfant est (généralement) docile, car il n'a pas encore compris qu'il possède en lui le pouvoir de refuser ce que vous lui demandez de faire. Il l'accepte, un point c'est tout. Mais un beau jour (enfin, ça dépend pour qui), il prend conscience qu'il peut dire non… et là c'est le début des problèmes ! Il commencera alors à refuser de manger certaines choses qu'il prenait pourtant sans broncher, voire avec plaisir, il y a peu encore.

Pire encore, une fois que le non est bien intégré, votre enfant cherchera à tester vos limites, voir jusqu'où il peut pousser le bouchon. Osons le dire, il tentera de prendre le contrôle des décisions. Céder à ce moment-là, c'est-à-dire en faire un enfant-roi et abdiquer au moindre de ses caprices, ce n'est vraiment pas lui rendre service. Alors, comment faire pour résoudre des situations de conflit au quotidien ? Et bien, c'est simple… il faut être fourbe !

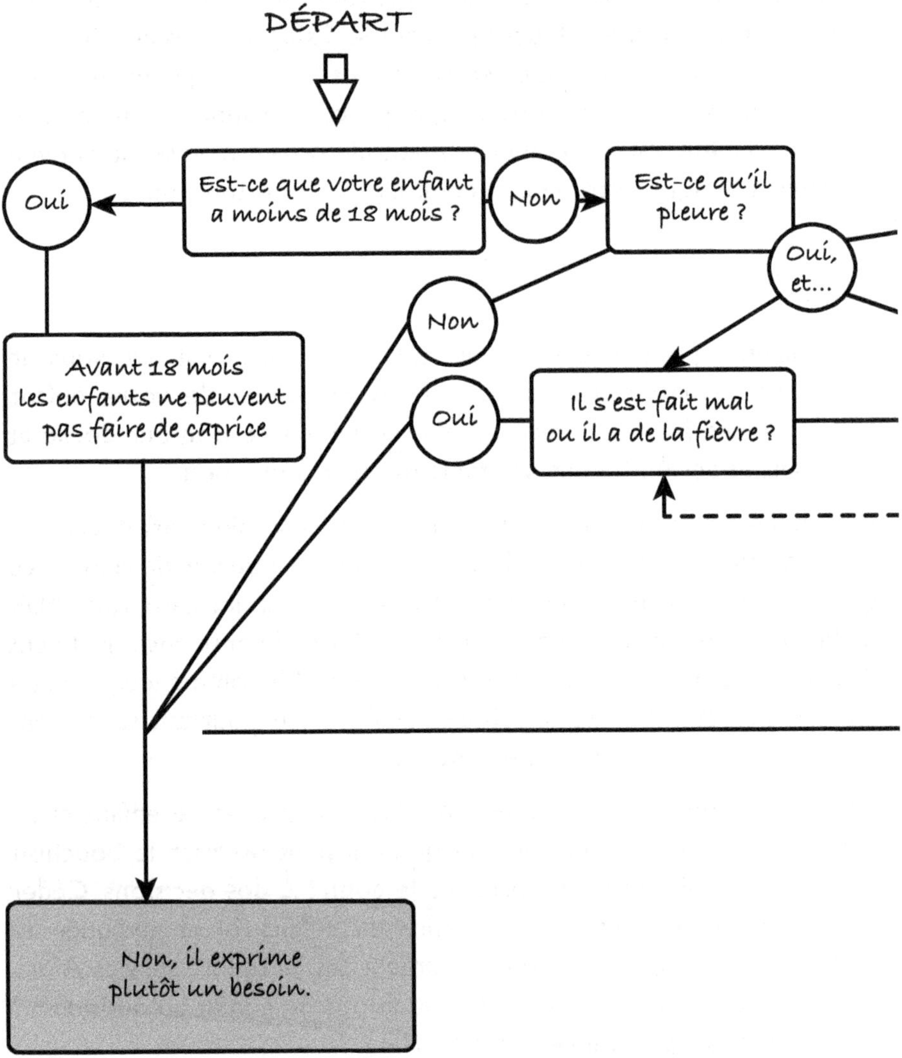
DÉPART
Est-ce que votre enfant a moins de 18 mois ?
Oui
Non
Est-ce qu'il pleure ?
Oui, et...
Non
Avant 18 mois les enfants ne peuvent pas faire de caprice
Oui
Il s'est fait mal ou il a de la fièvre ?
Non, il exprime plutôt un besoin.

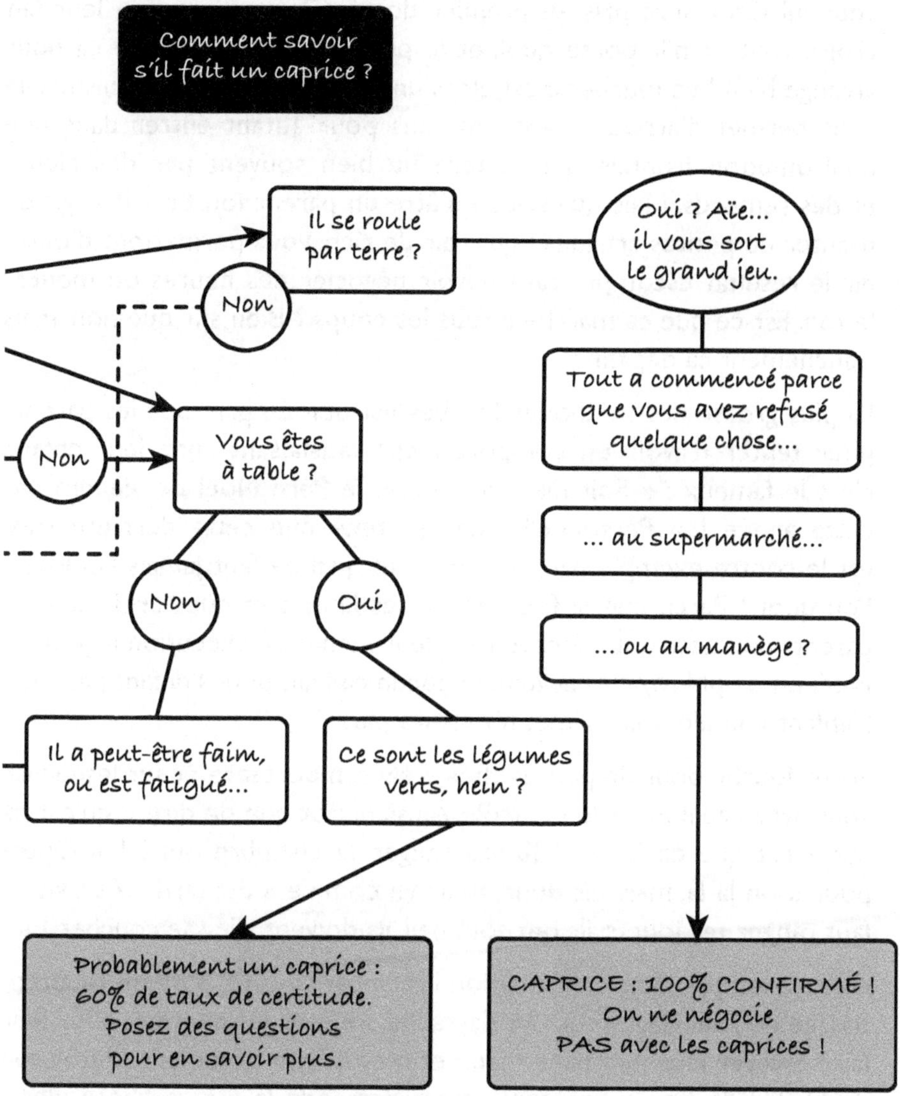
Comment savoir s'il fait un caprice ?
Il se roule par terre ?
Oui ? Aïe... il vous sort le grand jeu.
Non
Non
Vous êtes à table ?
Tout a commencé parce que vous avez refusé quelque chose...
... au supermarché...
... ou au manège ?
Non
Oui
Il a peut-être faim, ou est fatigué...
Ce sont les légumes verts, hein ?
Probablement un caprice : 60% de taux de certitude. Posez des questions pour en savoir plus.
CAPRICE : 100% CONFIRMÉ ! On ne négocie PAS avec les caprices !

Au pays des crédules, le fourbe est roi

Voyez-vous, dès lors que votre enfant est capable de bien comprendre ce que vous lui dites, il vous fait une confiance aveugle. Tout ce que vous lui direz sera pris au premier degré. C'est ainsi qu'on leur fait croire tout et n'importe quoi, et le plus souvent parce que ça nous arrange bien ! La fourberie est alors une ruse bien pratique puisqu'elle vous permet d'arriver à vos fins sans pour autant entrer dans une confrontation frontale qui se termine bien souvent par des pleurs et des remords. Mais qu'est-ce qu'être un parent fourbe ? Il s'agit de monter de petites arnaques qui, l'air de rien, vous permettent d'obtenir le résultat escompté sans devoir négocier des heures ou monter le ton. Est-ce que ça marche à tous les coups ? Bien sûr que non, mais franchement ça dépanne.

La plus grosse des méthodes fourbes est utilisée par tous les parents pour tenter d'avoir un comportement satisfaisant chez leur enfant, c'est le fameux : « Soit bien sage sinon le Père Noël ne viendra pas cette année ! » Personnellement, j'estime que cette dernière ruse est le contre-exemple par excellence et qu'il ne faut jamais l'utiliser ! Pourquoi ? Parce que la fourberie a ses limites et que rares sont les parents qui mettront effectivement leur menace à exécution le jour de Noël en ne prévoyant réellement aucun cadeau pour l'enfant pas sage. L'enfant voit alors la faille et n'y croira plus.

Soyez fourbe pour de petites choses sans importance et sur lesquelles vous avez réellement le contrôle. Ainsi, plutôt que de dire « qu'est-ce que c'est que ce bazar ? Tu vas ranger ta chambre oui ? ! » Optez pour « oh là là, mais dis donc, tu as vu comme il est tard ? Vite, vite il faut ranger tes jouets, ils ont sommeil, ils doivent aller se coucher ! »

Autre exemple, dans une situation vécue par tous les parents, l'apprentissage de l'habillage seul. On s'arrache souvent les cheveux pour leur faire enlever leur pyjama le matin et mettre leur vêtement. Plutôt que de hurler de bon matin après avoir demandé la même chose vingt-cinq fois, essayez plutôt « attention, tu es prêt(e) ? On fait la course ! Le premier de nous deux qui est habillé aura gagné ! 3, 2, 1 Partez ! »

ou sinon l'autre variante qui fonctionne bien également consiste à demander à l'enfant d'aller faire la démonstration à l'autre parent de « comment il arrive super bien à enfiler son t-shirt tout seul ».

Les petites fourberies de tous les jours

On peut multiplier ce genre d'exemples à l'infini (ou presque). Si vous êtes du genre à dire à vos enfants que manger des légumes, c'est bon pour grandir, montrez-leur un jouet d'un petit personnage et dites-leur que s'il est aussi petit c'est parce qu'il ne mange pas assez de légumes.

Si vous devez partir en vacances et que vous voulez que votre enfant choisisse ses deux livres ou peluches préférés, plutôt que de lui en présenter quinze, présentez-en lui… deux. Un dans chaque main, et demandez-lui de choisir lesquels de ses livres il veut prendre. Ceux que vous avez justement en main ? Oh bah ça alors !

Vous l'aurez compris, être fourbe passe souvent par le jeu, la mise en situation, les petites arnaques et des logiques biaisées. Évidemment, ça ne fonctionne plus passé un certain âge… mais si vous menez bien votre barque ce genre de petites ruses vous permettront de gagner du temps et de l'énergie pour travailler sur votre rôle éducatif à long terme et l'apprentissage de l'autonomie.

Et puis, avouons aussi que c'est juste tellement drôle de voir votre enfant croire dur comme fer à l'histoire à grosses cordes que vous venez de pondre.

Si la fourberie ne fonctionne pas, essayez le jeu

Progressivement, à force de faire le fourbe, votre enfant prendra l'habitude de réaliser un certain nombre de choses (manger ses légumes, se laver les dents, ranger ses jouets, s'habiller seul) et vous n'aurez alors plus besoin d'inventer des histoires, car les choses se feront seules. Du moins, jusqu'à une certaine limite.

Vers l'âge de 4 ans, votre enfant sera capable de résister aux fourberies s'il a décidé que, non et non, il ne mettra pas ce pantalon aujourd'hui. Il sait que vous ne serez pas d'accord et il se mettra généralement à chouiner ou bouder pour essayer de vous faire lâcher. Dans ce cas, le mieux est encore de passer par le jeu.

Un enfant est pratiquement incapable de résister à la tentation du jeu. Dans notre exemple, prenez-le au dépourvu et faites-lui une petite tape sur l'épaule en disant « CHAT pantalon ! Si tu veux m'attraper, il faut vite mettre ton pantalon sinon tu ne peux pas jouer ! » et partez en courant et en rigolant. Vous le verrez débouler avec son pantalon dans les dix secondes.

Vous connaissez maintenant le principe, alors à vous d'inventer vos propres jeux et fourberies pour les petits ennuis du quotidien

10 choses que tous les parents font au parc… et dont on n'est pas toujours fier

Ah, le parc à jeux. Un havre de paix où les enfants s'amusent gentiment entre eux pendant que les parents les surveillent en posant sur eux un regard à la fois tendre et complice. C'est ça, ouais. Le parc est une représentation de la société à échelle miniature avec ses clans, ses drames, sa justice et ses injustices ! Presque tous les parents y vont, et la plupart le font en traînant des pieds. Voici les dix choses que tous les parents font, ou feront au moins une fois, au parc avec leurs enfants.

1. Proposer à son enfant d'aller au parc pour avoir un peu la paix pendant qu'il se défoule.
2. Compter un peu (trop) sur la vigilance des autres parents pour surveiller les enfants pendant qu'on fait une partie de *Candy Crush*.
3. Dire « mais oui, je te regarde ! » alors qu'on ne le regarde pas.
4. En faire des tonnes pour montrer aux autres parents que, nous, on est des parents parfaits et que nos enfants sont merveilleux.
5. Ne pas juger les autres parents quand leur enfant fait un caprice… mais ne pas en penser moins pour autant.
6. Se retenir très fort d'embrouiller les enfants des autres quand ils embêtent les nôtres.
7. Dire "Que ce soit clair, si tu veux prendre ta trottinette, c'est toi qui la porte !"... et finalement porter la trottinette.
8. Dire « on part dans dix minutes » et finalement partir au bout de trois minutes.
9. Comparer les autres enfants au sien, et repartir convaincu que le nôtre est le plus beau.
10. Choisir le parc en fonction des magasins à proximité que l'on ira ensuite visiter.

6 choses que seuls les papas geeks font au parc

1. Essayer tous les jeux pour voir s'ils sont marrants.
2. Changer de position pour trouver le meilleur endroit où capter le Wifi d'un voisin.
3. Lorgner de jalousie devant le jouet Spiderman ou le t-shirt Batman d'un autre enfant.
4. Se promettre que, la prochaine fois, on viendra avec une console portable pour passer le temps.
5. Être le seul à jouer à chat avec la moitié des enfants du parc (et gagner triomphalement, parce qu'il n'y a pas de petite victoire).
6. Se sentir aussi fort que Superman quand on rattrape son enfant *in extremis* avant qu'il ne se fasse mal.

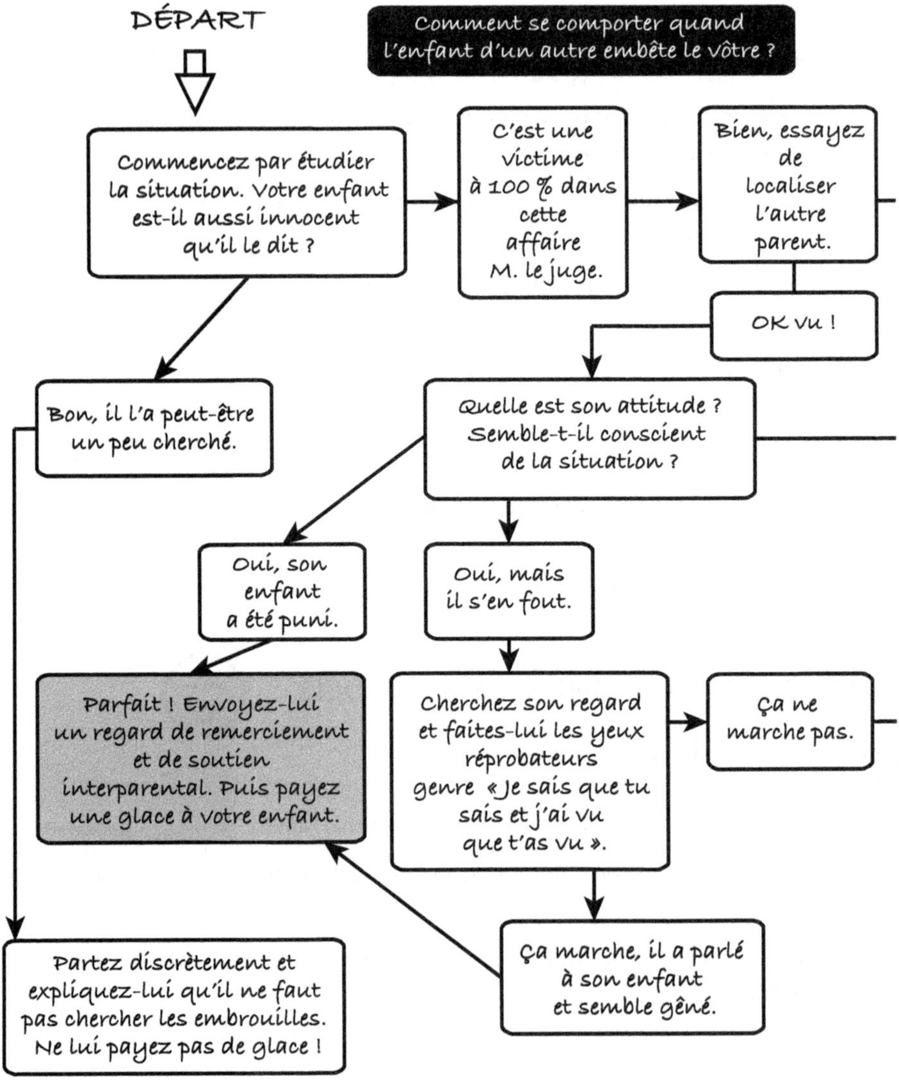
DÉPART
Comment se comporter quand l'enfant d'un autre embête le vôtre ?
Commencez par étudier la situation. Votre enfant est-il aussi innocent qu'il le dit ?
C'est une victime à 100 % dans cette affaire M. le juge.
Bien, essayez de localiser l'autre parent.
OK vu !
Quelle est son attitude ? Semble-t-il conscient de la situation ?
Bon, il l'a peut-être un peu cherché.
Oui, son enfant a été puni.
Oui, mais il s'en fout.
Parfait ! Envoyez-lui un regard de remerciement et de soutien interparental. Puis payez une glace à votre enfant.
Cherchez son regard et faites-lui les yeux réprobateurs genre « Je sais que tu sais et j'ai vu que t'as vu ».
Ça ne marche pas.
Ça marche, il a parlé à son enfant et semble gêné.
Partez discrètement et expliquez-lui qu'il ne faut pas chercher les embrouilles. Ne lui payez pas de glace !

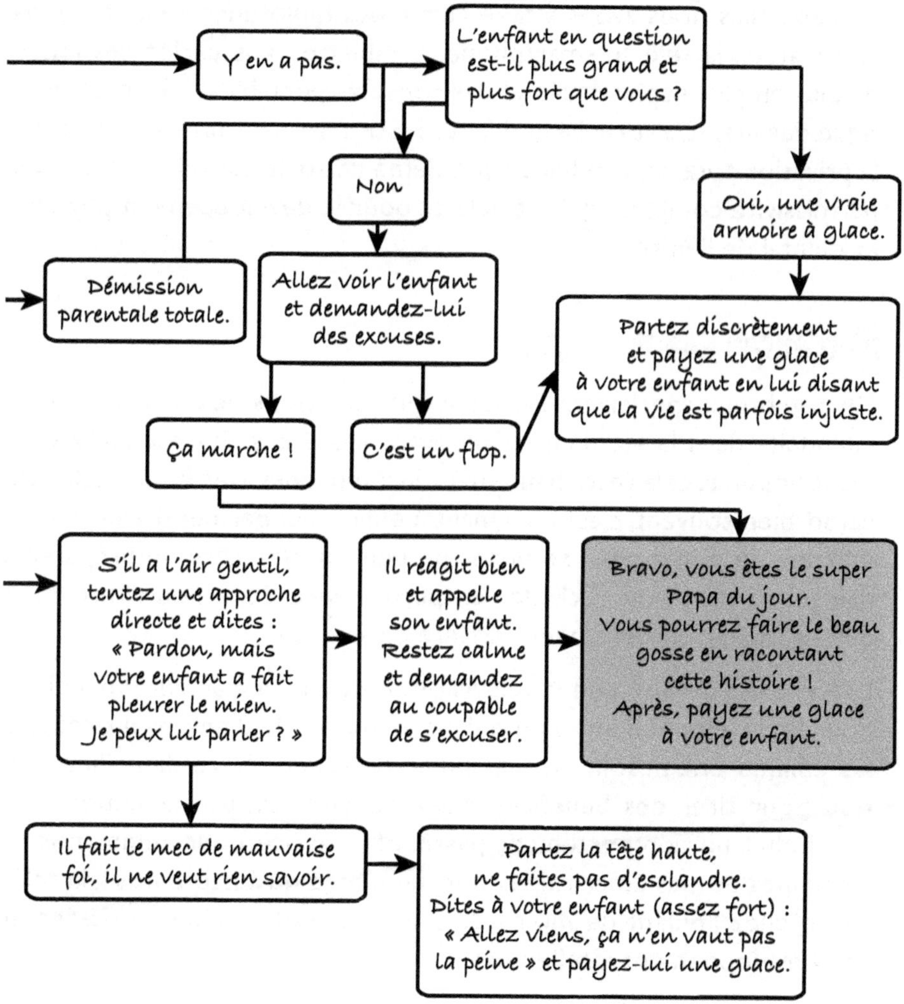
Y en a pas.
L'enfant en question est-il plus grand et plus fort que vous ?
Non
Oui, une vraie armoire à glace.
Démission parentale totale.
Allez voir l'enfant et demandez-lui des excuses.
Partez discrètement et payez une glace à votre enfant en lui disant que la vie est parfois injuste.
Ça marche !
C'est un flop.
S'il a l'air gentil, tentez une approche directe et dites : « Pardon, mais votre enfant a fait pleurer le mien. Je peux lui parler ? »
Il réagit bien et appelle son enfant. Restez calme et demandez au coupable de s'excuser.
Bravo, vous êtes le super Papa du jour. Vous pourrez faire le beau gosse en racontant cette histoire ! Après, payez une glace à votre enfant.
Il fait le mec de mauvaise foi, il ne veut rien savoir.
Partez la tête haute, ne faites pas d'esclandre. Dites à votre enfant (assez fort) : « Allez viens, ça n'en vaut pas la peine » et payez-lui une glace.

Votre enfant, les écrans et vous

Les écrans sont partout dans nos vies. Difficile de s'y soustraire, et d'autant plus pour des parents geeks ! Alors qu'en est-il de nos enfants ? Le défi auquel nous faisons face est assez colossal et particulièrement contradictoire. Nos parents ont eu à lutter contre un seul écran, celui de la télévision, qui devenait aussi dans certains cas l'écran des consoles de jeux. Mais nous avons à faire face à des multitudes d'écrans, entre l'ordinateur, la télé, le smartphone, la tablette, sans parler des jouets de plus en plus sophistiqués et des consoles portables... La problématique des écrans est réelle et il faut réussir à trouver un équilibre entre la privation totale qui induit un problème de socialisation à l'école, et la permissivité complète qui est néfaste pour le développement physique et mental de l'enfant.

Pas d'écran avant 3 ans ?

De nombreux spécialistes avancent que les écrans ne doivent pas être introduits dans la vie d'un enfant avant ses 3 ans. Si c'est techniquement possible, cela reste hautement incompatible avec la vie réelle. Un écran, bien souvent, c'est un aimant à enfant qui permet d'avoir trente minutes de calme pour se poser un peu ou être libre de préparer à manger sans se voir réclamer en permanence de la nourriture. Mais que se cache-t-il réellement derrière ce slogan ?

L'idée, c'est de dire que la télévision n'est pas une activité bénéfique pour le développement d'un enfant de moins de 3 ans. Avant cet âge, les enfants ont besoin de manipuler, de jouer, d'être dans l'interaction pour tirer des bénéfices d'une activité. Or, par définition, une télé induit un comportement passif. Mais est-ce pour autant nocif ? Certaines études américaines ont démontré qu'à haute dose, la télévision chez l'enfant de moins de 3 ans ralentit son apprentissage et son développement intellectuel.

Le piège est alors d'opter pour des programmes soi-disant éducatifs comme *Dora* ou *La Maison de Mickey*. N'interprétez pas de travers ce que j'essaie de dire, ce ne sont pas de mauvais programmes... mais on ne peut pas dire qu'ils sont réellement éducatifs. En tout cas, pas avant 3 ans. Pour en avoir le cœur net, c'est très simple ! Placez n'importe quel enfant de moins de 3 ans devant *Dora* et regardez sa réaction lorsque le dessin animé lui pose une question ou lui demande de réaliser une action : rien. L'enfant ne réagit tout simplement pas, car il ne comprend pas que l'on s'adresse à lui et que l'on attend de lui une action.

Petit âge, petite dose !

Le problème de cette règle des 3 ans, c'est qu'elle est interprétée comme une interdiction formelle alors qu'en réalité il s'agit d'une recommandation générale. La conséquence, c'est que les parents laissent malgré tout leurs enfants regarder des écrans, mais qu'ils culpabilisent de le faire ! Nous avons mis notre fille devant ses premiers dessins animés vers l'âge de 18 mois en commençant par *L'âne* Trotro (l'âne trop rigolo). L'avantage de ce dessin animé, c'est que d'abord c'est un format très court (trois minutes), avec des images simples et des histoires très accessibles. Il n'y a pas d'action violente, ni trop de bruits ou de couleurs. Nous étions avec elle pendant les premiers temps, puis nous l'avons laissé regarder seule trois épisodes. Ces dix minutes d'écran (pas nécessairement quotidien) nous permettaient de souffler un peu, et franchement, ça faisait du bien !

Nous avons ensuite très progressivement augmenté les doses, mais sans jamais dépasser trente minutes consécutives. L'important est ensuite de proposer une activité de jeu avec l'enfant pour lui permettre de se réactiver son esprit endormi par les images, et de se rappeler qu'avec ses parents, on s'amuse beaucoup plus !

Adoptez le réflexe *replay*

Depuis l'arrivée des box Internet, la télévision a changé de visage. Désormais, on regarde de moins en moins la télé en direct, on picore les émissions en *replay*. Faites-en de même pour vos enfants ! Choisissez les dessins animés dans le *replay* pour avoir un véritable contrôle du temps de visionnage. À ce titre, je recommande personnellement *Les Zouzous* de France 5 pour les plus jeunes qui offrent une sélection de programmes bien adaptés.

L'intérêt du *replay*, c'est aussi de pouvoir choisir exactement l'épisode que l'on veut regarder, et de pouvoir dire très clairement « encore deux épisodes et c'est terminé, OK ? » Car c'est bien là l'enjeu, la télé on sait quand ça commence... mais plus difficilement quand ça termine.

Il faut réussir à mettre une limite, et le *replay* est très pratique pour cela. En direct, l'enfant vous réclamera encore un dessin animé en voyant arriver le générique d'un nouvel épisode. Sans oublier de mentionner qu'il sera également touché par les publicités, ce qui est encore moins recommandable !

Vous pouvez alors dire dès le départ « je te mets trois dessins animés, et c'est tout. D'accord ? » Le plus souvent, lorsque le compteur est arrivé à zéro, l'enfant ne réclame pas, car il connaît le contrat. Bon, vous aurez peut-être droit à un peu de chouine, mais rien qu'un papa comme vous ne puisse gérer facilement (ceci est un compliment totalement gratuit, inclus dans le livre rien que pour vous. Oui, vous !).

Et la tablette ?

On reproche à la télévision d'être néfaste pour les jeunes enfants, car elle n'est pas interactive. Qu'en est-il alors des tablettes qui sont l'incarnation même de l'interactivité ? Vous vous en doutez, la réponse sera « parcimonie et choix précis ». Tout d'abord, la tablette ne devrait pas apparaître avant les 2 ans de l'enfant. Avant, sa motricité n'est de toute façon pas assez développée pour lui permettre de manipuler facilement les applications.

Il existe des centaines de jeux pour jeunes enfants sur les différents *stores*, tous ne sont pas forcément très adaptés. Fiez-vous aux recommandations des autres utilisateurs et essayez toujours le jeu au moins une fois vous-même avant de le confier à votre enfant. Si je devais recommander un éditeur, ce serait Sago Sago® qui propose un large choix de jeux très mignons, simples, offrant beaucoup d'interactivité pour les jeunes enfants.

En revanche, ne tombez pas dans le piège de croire que la tablette pourra remplacer des activités manuelles comme le jeu de construction ou le coloriage. Ces derniers permettent de stimuler l'esprit de l'enfant tout en le faisant progresser au niveau de sa motricité. Les tablettes ne le permettent pas !

La règle du 3-6-9-12

L'AFPA (Association française de pédiatrie ambulatoire), qui compte plus de 1 600 pédiatres, recommande d'adopter la règle du 3-6-9-12 en matière d'écrans pour les enfants. Pas d'écran avant 3 ans, pas de consoles de jeux vidéo avant 6 ans, pas d'Internet avant 9 ans (et il faut toujours que l'enfant soit accompagné d'un adulte) et pas d'Internet seul avant 12 ans. Dans ce dernier cas, il faut malgré tout surveiller ce que fait l'enfant. Une règle simple qui évitera une exposition trop jeune à des contenus non adaptés !

Attention aux jeux vidéo

Mieux vaut prévenir que guérir, alors même si vous avez encore du temps avant d'être confronté au problème, je préfère malgré tout vous sensibiliser dès maintenant. En tant que papa geek, il y a fort à parier que vous aimez les jeux vidéo. Mais les jeux auxquels vous jouez ne sont très certainement pas adaptés à vos enfants. Par conséquent, ne les laissez pas voir que vous jouez. Gardez cette activité pour quand ils sont couchés ou absents. Le jeu ne doit pas être un substitut à votre activité de parent qui passe en premier.

D'autre part, ne mettez jamais dans les mains d'un enfant un jeu qui n'est pas adapté à son âge. Trop de jeunes enfants, qui n'ont même pas 10 ans, sont autorisés à jouer à des jeux de guerre très violents interdits au moins de 16 ans. Souvenez-vous, à 10 ans vous jouiez à *Super Mario Bros* ou *Kirby*, pas *Call of Duty*. Vous voilà prévenu !

Vous êtes geek ? Vos enfants le seront encore plus...

Souvenez-vous, lorsque vous étiez jeune, vous étiez capable d'intégrer immédiatement les nouvelles technologies à mesure qu'elles apparaissaient. Vos parents, eux, avaient plus de mal et c'est toujours vous qui deviez leur montrer comment se servir de la télécommande ou apprendre à programmer l'enregistreur sur disque dur.

Tant que votre enfant est jeune, c'est encore vous qui avez le contrôle. Mais rapidement, vous allez vous rendre compte que les nouvelles technologies semblent plus naturelles aux enfants qu'à vous ! Par exemple, une tablette est particulièrement adaptée aux enfants qui peuvent la tenir sans difficulté et appuyer facilement dessus avec leurs petits doigts.

En moins de temps qu'il ne faut pour dire Eyjafjallajökull, vous serez dépassé et tout ce que vous pourrez tenter pour préserver votre enfant des vidéos ou jeux qui ne lui sont pas adaptés sera rapidement obsolète. Alors que faire ? Et bien, avant tout, il ne faut pas vous dire « ça va, je contrôle ». Partez du principe qu'un papa geek fait des enfants geeks et essayez de rester à niveau. Intéressez-vous aux nouvelles technologies, essayez d'avoir un coup d'avance et plus encore, regardez ce qui intéresse votre enfant (apps, sites, etc.) pour ne pas avoir l'air totalement largué quand il vous en parlera. Aussi, non seulement vous serez capable de préserver votre enfant de contenus non adaptés, mais en plus vous serez super trop *swag* !

Top 10 des activités papa/enfant

Une des choses que je préfère dans le fait d'être père, c'est de pouvoir faire des activités avec mes enfants. C'est l'occasion de passer du temps en tête à petite tête et de lui faire découvrir des choses nouvelles. En retour, les enfants vous offrent une vision neuve sur une activité que vous pensiez connaître par cœur. Ce rapport donnant/donnant rend n'importe quelle activité très agréable, mais voici une petite liste de choses que je trouve chouette à titre personnel !

Faire des puzzles

Quand il fait moche dehors, ou simplement quand vous n'avez pas envie de sortir, un puzzle est une activité très sympa ! Cela nécessite de la concentration et de la persévérance. Deux qualités qui sont présentes chez les enfants… à condition qu'ils soient motivés. Comment ? Et bien il suffit que le puzzle promette une image rigolote, ou issue de l'un de ses dessins animés préférés et le tour est joué. Le plaisir de terminer un puzzle est vraiment top et vous en ressortirez avec un sentiment de satisfaction.

Bricoler et fabriquer des trucs

Le bricolage n'est pas qu'une activité réservée aux adultes. Les enfants sont très curieux et dès que vous sortirez votre trousse à outils, ils viendront vous voir pour vous demander « est-ce que je peux t'aider papa ? » Votre premier réflexe sera peut-être de dire non, car il y a une notion de danger. Mais réfléchissez, il y a sûrement quelque chose que votre enfant peut faire pour vous aider comme vous passer le tournevis, tenir la règle, marquer un point sur le mur à percer, etc. Vous lui donnerez l'impression d'avoir vraiment aidé, et c'est tant mieux ! Vous pouvez aussi fabriquer des choses ensemble, comme une mangeoire à oiseaux dont il faudra peindre le support. La peinture et les enfants ? C'est un duo (salissant) qui gagne !

Créer des déguisements (de robots, par exemple)

Il ne faut pas beaucoup forcer un enfant pour le convaincre de se déguiser, ils adorent ça. Alors, créer des déguisements, c'est encore plus sympa ! Pour ça, il faut surtout des cartons, un crayon et de l'imagination (vous en manquez ? Ils en ont à revendre). Trois bouts de ficelle, un morceau de ruban adhésif et voilà un déguisement de robot qui le ravira au plus haut point !

Se transformer en réalisateur d'animation

Voici une activité très simple à mettre en place et qui vous occupera facilement lors d'un dimanche après-midi pluvieux. Prenez un appareil photo, ou même simplement votre smartphone, et placez-le sur un support fixe. Un trépied est préférable, mais une pile de livres ou simplement à même le sol, ça fonctionne très bien. Choisissez des personnages parmi les jouets de votre enfant, placez-les dans le cadre de l'image. Prenez une photo. Déplacez le personnage, et prenez une nouvelle photo. Recommencez l'opération autant de fois que nécessaire, puis importez vos photos dans votre ordinateur. Vous êtes un geek, pas besoin de vous donner la marche à suivre. Si ? Utilisez un logiciel de traitement d'image ou un site Internet spécialisé pour créer un gif animé de votre œuvre. Et voilà, votre premier film !

Faire du *lightpainting*

Vous avez un vrai appareil photo et un vrai trépied ? Alors amusez-vous à faire du *lightpainting*. Pour cela, réglez le temps de pose de votre appareil photo sur dix secondes (au moins) dans une pièce sombre dont vous aurez éteint les lumières. Déclenchez la photo et demandez à votre enfant de bouger dans tous les sens avec une lampe torche. Admirez le résultat : une traînée de lumière est apparue comme par magie dans l'image. Répétez l'opération jusqu'à ce que vous, votre enfant, ou votre appareil photo soit au bout du rouleau.

S'occuper d'une plante (ou du jardin)

Les geeks sont généralement des urbains et nous n'avons pas forcément l'habitude de passer nos samedis après-midi à mettre la main dans la terre pour faire du jardinage. Pourtant, c'est une activité très sympa à faire avec ses enfants. On peut alors leur apprendre le cycle de la vie, l'importance de l'eau, mais aussi d'où viennent les légumes et le plaisir que l'on retire à voir grandir une plante dont on prend soin. Pas besoin d'un jardin pour ça, une jardinière suffit largement à s'initier aux joies du jardinage. Attention, activité salissante !

Faire de la pâtisserie

Votre enfant est gourmand ? Vous êtes gourmand ? Mais qu'attendez-vous pour faire de la pâtisserie ? Inutile de vous lancer dans un concours culinaire et faire des pièces montées de six étages. Un simple gâteau au yaourt est déjà assez complexe quand il faut gérer un petit estomac sur pattes qui veut absolument tout goûter avec le doigt. Je ne vous promets pas que ce sera une activité de tout repos, mais votre enfant sera très certainement super content d'avoir pu faire lui-même son gâteau qu'il mangera au goûter ! Attention, activité très salissante... et fatigante.

Pêcher des crabes (et les relâcher)

Si vous avez la chance d'habiter près de la mer ou d'un port, ou tout simplement si vous partez en vacances en Bretagne, alors prenez le temps d'aller pêcher des crabes. Cela peut se faire très facilement : une pince à linge tenant un bout de crevette avec un petit lest, le tout fermement accroché à un fil et voilà l'arme idéale. Le crabe, ce gros gourmand, va se précipiter sur la crevette. Il ne vous restera plus qu'à tirer la corde et faire coucou au petit voleur. Placez vos prises dans un seau rempli d'eau pour que votre enfant puisse les admirer. Quand vous aurez terminé, relâchez tout ce beau monde près de l'eau pour qu'il fasse la course !

Jouer aux Lego® et construire des choses incroyables

Chaque âge son jeu de construction. Pour les plus petits, vous avez les Duplo® qui permettent de construire déjà pas mal de choses tout en évitant que votre enfant n'avale les trop petites pièces. Plus tard, passez aux Lego® et amusez-vous à construire des maisons, des tours, des voitures ou tout ce qui vous passera par la tête. C'est une activité parent/enfant très agréable (peut être plus encore pour le papa... mais bon, chut, c'est notre petit secret).

Jouer à *Minecraft* et construire des choses incroyables (mais virtuelles)

Minecraft n'est pas un jeu vidéo comme les autres. Le principe de base du jeu consiste à se construire un abri à partir des différents éléments du décor afin de se défendre de l'attaque des zombies la nuit venue. Mais le jeu peut aussi être joué en mode libre, il n'y a alors plus de zombie et cela devient un véritable Lego® virtuel. Vous pouvez alors bâtir d'immenses forteresses, ou à vrai dire, à peu près n'importe quoi. Vous allez adorer, et votre enfant encore plus ! Une activité à préférer pour les enfants d'au moins 6 ans.

Comment vous choisissiez vos vacances AVANT d'avoir un enfant

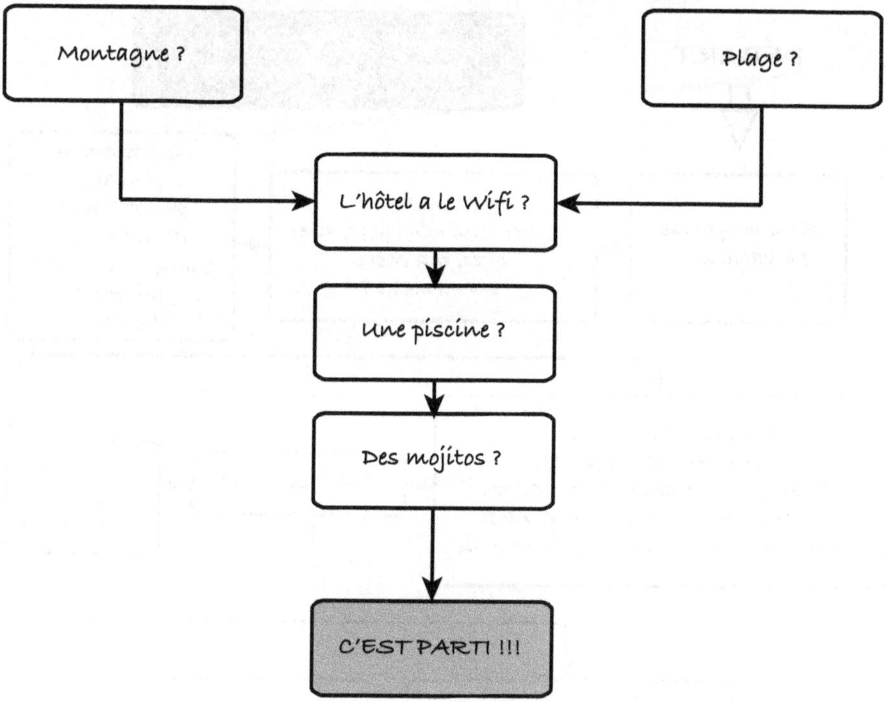

Comment choisir ses vacances quand on a des enfants ?

DÉPART

Et si on partait en vacances ?

Ah, ouais !
Super idée ! On peut aller chez ma mère en Ardèche ?

Non mais, je pensais plutôt à une destination exotique. Un truc qui vend du rêve !

Je viens de voir que le ministère des affaires étrangères déconseille d'y aller pour les bébés, il y a des maladies qui peuvent laisser des séquelles à vie.

Ok, c'est mort.

Sinon, un road trip aux USA ?

Bon, mais on peut rester en Europe ? Lisbonne, Venise… ça fait rêver !

Oui, mais je crois que c'est notoirement connu pour être incompatible avec des poussettes.

Sinon, tu sais, chez ma mère y a le Wifi et de la menthe dans le jardin pour faire des mojitos…

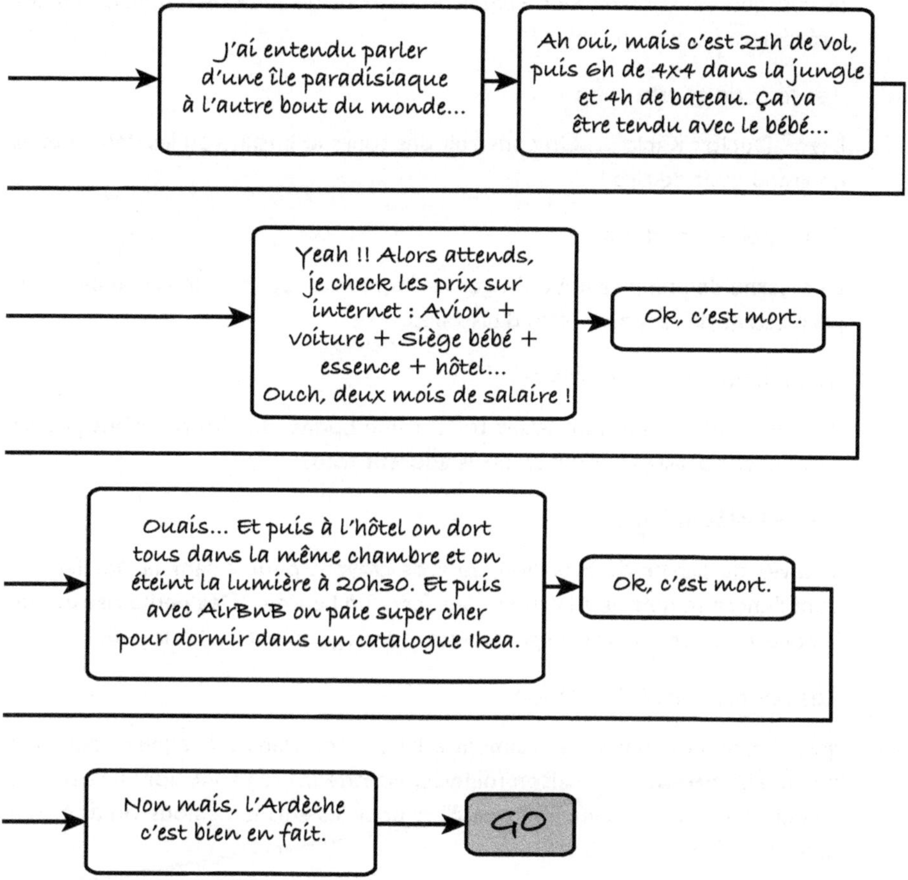
J'ai entendu parler d'une île paradisiaque à l'autre bout du monde...
Ah oui, mais c'est 21h de vol, puis 6h de 4x4 dans la jungle et 4h de bateau. Ça va être tendu avec le bébé...
Yeah !! Alors attends, je check les prix sur internet : Avion + voiture + Siège bébé + essence + hôtel... Ouch, deux mois de salaire !
Ok, c'est mort.
Ouais... Et puis à l'hôtel on dort tous dans la même chambre et on éteint la lumière à 20h30. Et puis avec AirBnB on paie super cher pour dormir dans un catalogue Ikea.
Ok, c'est mort.
Non mais, l'Ardèche c'est bien en fait.
GO

Top 5 des jouets pour enfants

À partir de 2 ans, votre enfant pourra avoir accès une large palette de jeux qui vont lui permettre de continuer à développer ses capacités. Mais quels jouets privilégier ? Tout dépend bien sûr de la sensibilité de votre enfant et de ses activités préférées. Voici un petit classement de ce qui fonctionne généralement bien autour de 2 ou 3 ans. Notez quand même qu'à cet âge, ils auront encore besoin que vous jouiez avec eux. Ils essaieront de jouer seuls, mais cela les intéressera beaucoup moins !

Les jeux de construction

Lego®, Duplo®, Kapla®… On construit des tours et ensuite on les détruit dans un grand éclat de rire !

Les « petits mondes »

La caserne de pompier, le boulanger, le docteur… tous ces univers miniatures permettent de raconter plein d'histoires.

Le tableau noir (et ses craies)

Introduire un tableau noir assez tôt est une bonne idée. Votre enfant pourra faire du gribouillage à loisir, ce qu'ils adorent tous.

Les activités manuelles

Trouvez du papier de brouillon, de gros crayons pour enfant et des feutres dont l'encre se nettoie à l'eau et vous ferez un heureux. Des petits ciseaux, de la colle, et toutes sortes de gommettes sont également de bons jeux !

Les premiers jeux d'imitation

Vers 3 ans, on commence vraiment à faire « semblant ». Les jeux pour faire comme les parents à la maison (dînette, aspirateur, etc.) sont alors une source inépuisable d'amusement. Enfin, ça, c'est pour les enfants… nous, on doit tout ranger et c'est moins drôle.

Ne soyez pas un papa parfait, soyez un Super-Papa !

La perfection n'existe pas, et encore moins chez les parents. Vous aurez beau lire autant de livres que vous voudrez sur l'éducation et la pédopsychiatrie, vous aurez beau être préparé à toutes les épreuves, il y aura toujours un moment où vous ferez une erreur. Vous gronderez votre enfant sans réelle raison alors que vous auriez simplement pu discuter avec lui. Du coup, il se mettra à pleurer, vous vous sentirez coupable et vous vous demanderez pendant deux jours si vous n'avez pas créé là les bases d'un futur traumatisme psychologique.

Rassurez-vous, on passe tous par ce genre de moments de vie où on se sent un peu nouille. Cela se produit surtout quand on essaie d'être des parents parfaits. Bien sûr, avoir des convictions et s'y tenir est une bonne chose... mais savoir lâcher du lest de temps à autre est également important. Il faut savoir choisir ses batailles et celle de la perfection ne doit pas être de celle où il faut s'engager, car elle vous conduira immanquablement vers le mur de la désillusion.

Devenez Super-Papa !

Aussi, plutôt qu'essayer de ressembler à la définition d'un parent parfait, cherchez plutôt à devenir un Super-Papa ! Quelle différence ? Le Super-Papa est le super-héros du quotidien de ses enfants. Sa mission ? Faire de son mieux pour protéger ses enfants du danger et les conduire vers l'autonomie, le respect de soi-même et des autres.

OK, le programme est chargé, mais il y a une notion importante : vous n'avez pas une obligation de résultat, mais une obligation de moyen. En clair, il faut faire de son mieux pour réussir dans cette épreuve... mais il est accepté qu'on puisse faillir de temps à autre. Tous les super-héros ont des points faibles, même Batman... et surtout Superman !

Tomber pour mieux se relever

Il faut garder à l'esprit ce que les *comics* nous ont appris : chaque fois qu'un super-héros échoue, il s'en relève plus fort. Il en va de même pour vous, les Super-Papas ! Vous avez fait une erreur de jugement ? Vous avez été injuste envers votre enfant ? Alors, apprenez de vos erreurs, expliquez à votre enfant que vous vous êtes trompé, que vous en êtes désolé et vous désamorcerez le tout petit début de traumatisme de rien du tout.

Alors enfilez votre cape, mettez votre slip par-dessus votre pantalon, deux doigts de gomina dans les cheveux et envolez-vous vers une vie de famille heureuse et pleine de vie !

Level up

Achievement unlocked : Super-Papa !

Bravo, vous venez de débloquer le badge Super-Papa, parce que vous êtes un super-papa ! Affichez-le fièrement, vous l'avez bien mérité !

http://monpapaestungeek.fr/badgeslivre/super-papa.jpg

Parole aux papas

Sébastien Michel. Desperate Houseman. www.desperatehouseman.info

À quel point la vie d'un homme change-t-elle lorsqu'il arrête tout pour s'occuper de son enfant ? C'est l'aventure de Sébastien qui s'est lancé dans le congé parental à la naissance de sa deuxième fille. Il raconte ses aventures dans son blog, mais il y parle aussi bien d'autres choses. D'ailleurs, ce blog est presque historique puisqu'il date de 2007, bien avant la naissance de sa première fille.

Est-ce qu'il y a des choses sur la paternité que tu avais imaginées avant la naissance et qui se sont avérées fausses (en bien ou en mal) ?

Je ne cacherai pas que je ne pensais pas que ce serait aussi dur. La vague d'émotion qui m'a submergée fut assez... inattendue. J'en ai profité pour faire une petite dépression postnatale en gros. Le plus dur au final, c'est qu'on ne se rend pas compte que pendant 2-3 ans, il faut communiquer et comprendre avec un être humain qui ne parle pas et qui globalement se fera comprendre la plupart du temps en pleurant. Le fait qu'effectivement les pleurs d'un bébé (lorsqu'il ne va pas bien) soient la chose la plus stressante qui puisse arriver n'est pas un mythe. Globalement, pour ma première paternité, lorsqu'on sait (car tout le monde le dit) que notre vie va changer du tout au tout, au final, c'est le vivre qui est le plus dur. Se rendre compte qu'une page s'est tournée et que rien ne sera plus comme avant. Car l'amour pour ses enfants est certes une force, mais c'est aussi une faiblesse qui ne nous lâchera plus jamais...

Quel super-pouvoir aimerais-tu avoir pour te faciliter la vie au quotidien ?

Pouvoir dormir quelques heures et être en forme ! J'admire ces personnes (dont certaines sont parents) qui n'ont besoin que de trois-quatre heures de sommeil par nuit : on peut faire plein de trucs, rattraper son linge en retard, les mails qui s'accumulent, la paperasse... on n'est jamais fatigué (par une nuit pourrie j'entends) et on peut donc en faire bénéficier son couple ! Non sérieux au-delà de voler et la force surhumaine... dormir peu et être en forme, c'est vraiment LE super-pouvoir à avoir !

As-tu un modèle (réel ou fictif) qui t'a inspiré pour devenir le père que tu es aujourd'hui ?

Un ami très proche est devenu papa quelques mois avant moi. Pour le côté fonctionnel comme pour le côté émotionnel, je me suis beaucoup inspiré de lui. Il ne le sait sans doute même pas, mais je crois que si je n'avais pas vécu ses quatre premiers mois à travers ses yeux, ma première paternité aurait été encore plus compliquée. Aujourd'hui encore et même « rodé » après deux enfants et un congé parental, il reste parfois ma source d'inspiration. Une sorte de père moderne idéal.

En tant que père, quelle est la phrase que tu répètes le plus souvent ?

Je dis souvent que j'en ai marre que le mot « parent » ne soit pas plus utilisé. J'ai été et je suis toujours hyperinvesti dans ma paternité. J'aimerais juste ne pas être « exclu » des trois-quarts des sites, discours, opérations marketing.... car je suis un père et que dans les clichés, on se la coule douce, on n'est pas doué... Les temps changent. Certes, en pratique, pas tant que ça et les mères restent celles qui sont le plus impactées après la naissance et durant les premières années de vie. Mais tout comme « le masculin l'emporte sur le féminin » est une doctrine qui n'a plus cours dans notre monde moderne, le mot « parent » doit rentrer dans le langage courant pour favoriser le fait que le sexe ne détermine pas (totalement) la parentalité (au sens investissement).

Selon toi, le père idéal c'est quoi (s'il existe) ?

Un père qui accepte son rôle de parent tout simplement. Comme le disait un ami (et blogueur) : « Changer les couches, ça n'éclate personne, mais il faut le faire, et il n'y a pas de raison que le partage des tâches ne soit pas équitable à 100 % sur le sujet ». Il en va de même pour bien d'autres sujets. On pourrait d'ailleurs dire « être un bon parent, c'est quoi ? »

CONCLUSION

Bravo, vous êtes un papa geek !

Et voilà, nous sommes arrivés ensemble au bout de cette aventure. Après avoir lu cette dernière partie, vous serez armé comme jamais pour votre vie de papa geek ! Bien sûr, le plus dur reste à faire : réussir à être un bon papa au quotidien malgré les embûches que la vie mettra sur votre route.

Mais en tant que geek, vous savez que le travail d'équipe est essentiel et vous n'avez pas peur de miser sur la technologie pour soulager votre quotidien. C'est bien ! Vous verrez rapidement qu'être père n'est pas qu'un simple rôle dont on enfilerait le costume à besoin. On est transformé par la fonction et cela devient une part entière de vous.

Sans vouloir vous mettre trop la pression à la fin de ce livre, rappelez-vous que vous êtes le seul et unique père de vos enfants. Plus qu'un modèle, vous serez un point de référence, comme un phare dans la nuit, duquel ils chercheront tantôt à s'approcher, tantôt à s'éloigner pour voir ce que ça fait. L'important, même si la tempête souffle et que les petits navires de vos enfants tanguent à droite, à gauche, sous les vagues de la vie, c'est qu'ils puissent savoir qu'il y aura toujours un phare bienveillant et aimant pour les guider, les recueillir et faire une petite partie de *Mario Kart*. C'est ça l'essence même du rôle de père (geek).

Level up

Achievement unlocked : Papa Geek Level 100

En terminant ce livre, vous venez de débloquer le badge ultime : le badge de Papa Geek Level 100 ! Bravo, vous êtes arrivé à la fin… mais la quête n'est jamais terminée !

http://monpapaestungeek.fr/badgeslivre/papa-geek-level-100.jpg

Parole aux papas

Mickaël - Papa Cube. www.papacube.com

Mickaël et sa femme avaient déjà une petite fille quand ils ont appris que ce n'est pas une petite sœur, mais bien deux d'un coup qui allaient rejoindre la famille. Un papa, trois enfants et voilà Papa Cube ! En plus d'écrire sur son blog, Mickaël est illustrateur… et c'est sa plume qui a signé les dessins du livre que vous tenez dans les mains. La boucle est bouclée !

- Est-ce qu'il y a des choses sur la paternité que tu avais imaginées avant la naissance et qui se sont avérées fausses (en bien ou en mal) ?

Je crois bien que, finalement, on ne devient pas une personne austère dès que l'on devient papa. Ma grande a maintenant 7 ans et s'il est vrai que pendant la petite enfance de nos trois filles j'avais la « tête dans le guidon », j'ai repris depuis quelques années une vie normale qui se rapproche presque de celle que j'avais avant. Je peux enfin me consacrer de nouveau à tout ce qui comptait pour moi, mais que j'ai dû mettre de côté pendant les premières années. Je n'ai donc pas forcément des préoccupations de « daron », je reste moi-même et je constate autour de moi que les autres papas de ma génération ne se sont pas, eux non plus, transformés en personnes aseptisées.

- Quel super-pouvoir aimerais-tu avoir pour te faciliter la vie au quotidien ?

Sans hésitation la téléportation, ou encore mieux : l'ubiquité ! Ça me permettrait enfin de pouvoir me rendre au travail, de rentrer pas trop tard le soir à la maison, d'aller chercher mes filles à l'école et de faire tout ce que j'ai à faire sans avoir à courir tout le temps. On se rend vite compte quand on devient parent que ce problème logistique n'est pas que compliqué, il est souvent impossible à résoudre, même avec toute la meilleure volonté du monde : on ne peut techniquement pas être à 15 h 45 devant l'école ET au travail.

• As-tu un modèle (réel ou fictif) qui t'a inspiré pour devenir le père que tu es aujourd'hui ?

Pas vraiment un modèle précis. J'ai pas mal d'amis qui ont eu des enfants avant moi : en toute logique, ils expérimentent tout avant nous donc j'essaie de prendre ce que je peux en les observant. Je trouve aussi que les pères qui arrivent à partager une passion avec leurs enfants sont toujours très inspirants. Il y en a beaucoup, mais là je pense par exemple à Eddie Van Halen : il a réussi à transmettre la passion de la musique à son fils Wolfgang et ils jouent maintenant tous les deux dans le même groupe.

• En tant que père, quelle est la phrase que tu répètes le plus souvent ?

Les classiques : « À table ! », « Arrêtez de hurler en parlant », « Dépêchez-vous »... Je suis persuadé que tous les pères disent la même chose !

• Selon toi, le père idéal c'est quoi (s'il existe) ?

Un père qui arrive à faire en sorte que ses enfants soient heureux et autonomes, tout simplement.

Check-lists

Vous reprendrez bien un peu de bonus ?

Pour conclure ce livre en beauté, voici un petit bonus qui devrait grandement vous simplifier la vie : des check-lists pré-remplies en fonction des situations et dont vous pourrez vous servir pour vérifier avant de partir que vous avez bien pensé à tout ce dont vous aurez besoin.

Comment s'en servir ?

Rien de plus simple, identifiez la liste dont vous avez besoin et photocopiez la page. Ajoutez éventuellement vos propres éléments, et le tour est joué ! Servez-vous de la liste pour préparer les affaires, et cochez les cases chaque fois que vous aurez mis de manière définitive un des éléments dans le sac.

Petite astuce

Vous aurez peut-être l'impression que j'exagère lorsque je préconise de prendre un certain nombre de vêtements. C'est parce qu'avec l'habitude, on se rend compte que jusqu'à un certain âge, disons 2 ans, il est parfois nécessaire de changer son enfant plusieurs fois par jour. Ce n'est pas toujours nécessaire, mais bon, mieux vaut prévenir que guérir. Voilà pourquoi je compte 1,5 vêtement par catégorie et par jour, cela permet d'avoir du stock en plus en cas de pépin ! Exception à la règle, pour les bodies, c'est 2 par jour (ils sont à l'avant-poste dès que la couche rend les armes !).

Simple, facile, efficace.

Merci qui ?

Quand on part en soirée :

- ☐ Biberon
- ☐ Lait
- ☐ Nourriture si besoin
- ☐ Langes et/ou bavoirs
- ☐ Couches
- ☐ Lingettes
- ☐ Change
- ☐ Lit parapluie
- ☐ Matelas supplémentaire pour le lit
- ☐ Pyjama
- ☐ Doudou
- ☐ Tétine
- ☐ L'énergie du désespoir pour danser comme si demain n'existait pas entre 22h30 et minuit (après faut rentrer)

Quand on fait la trousse de secours :

- ☐ Doliprane
- ☐ Arnica
- ☐ Coton
- ☐ Désinfectant (qui pique pas !)
- ☐ Pansements (ceux avec des animaux)
- ☐ Thermomètre
- ☐ Fiche avec les coordonnées du pédiatre et des personnes à contacter
- ☐ Pince à épiler
- ☐ Crème hydratante
- ☐ Crème pour le change
- ☐ Une boîte de bisous qui guérissent tout

Quand on part en weekend :

- ☐ Lit parapluie
- ☐ Matelas supplémentaire pour le lit
- ☐ Trousse de secours (Cf. la liste dédiée)
- ☐ Lait
- ☐ Biberons
- ☐ Une dosette de lait déjà prête et un thermos avec de l'eau chaude pour dégainer un biberon pendant le voyage en cas de besoin
- ☐ Compotes de voyage (en gourde, si possible réutilisable)
- ☐ Nourriture solide si besoin
- ☐ Biscuits
- ☐ Langes et/ou Bavoirs
- ☐ Tétine
- ☐ Doudou
- ☐ Des couches
- ☐ Des lingettes
- ☐ Une serviette pour le change
- ☐ 3 t-shirts
- ☐ 3 pantalons
- ☐ 4 bodies
- ☐ 3 paires de chaussettes
- ☐ 3 pulls
- ☐ 2 pyjamas
- ☐ Un chapeau s'il fait grand soleil
- ☐ Quelques livres et jouets pour le voyage
- ☐ La poussette
- ☐ Une voiture, avec un grand coffre…

Quand on part en vacances :

- ☐ Lit parapluie
- ☐ Matelas supplémentaire pour le lit
- ☐ Trousse de secours (Cf. la liste dédiée)
- ☐ Lait
- ☐ Biberons
- ☐ Une dosette de lait déjà prête et un thermos avec de l'eau chaude pour dégainer un biberon pendant le voyage en cas de besoin
- ☐ Compotes de voyage (en gourde, si possible réutilisable)
- ☐ Nourriture solide si besoin
- ☐ Biscuits
- ☐ Langes et/ou Bavoirs
- ☐ Tétine
- ☐ Doudou
- ☐ Des couches
- ☐ Des lingettes
- ☐ Une serviette pour le change
- ☐ 1,5 t-shirt/jour
- ☐ 1,5 pantalon/jour
- ☐ 2 bodies/jour
- ☐ 1,5 paires de chaussettes/jour
- ☐ 1,5 pull /jour
- ☐ 0,5 pyjama/nuit (bon, sachant qu'il faut au moins en avoir 1 !)
- ☐ Un chapeau s'il fait grand soleil
- ☐ Un maillot de bain ou des couches pour le bain
- ☐ Une serviette
- ☐ Un siège de bain
- ☐ Du savon (pour le bain)
- ☐ Suffisamment de livres et de jouets pour avoir un peu de répit de temps en temps
- ☐ La poussette
- ☐ Un porte-bébé (si vous en avez un)
- ☐ L'espoir que vous allez enfin pouvoir souffler un peu (alors qu'en fait vous vous lèverez aussi tôt que d'habitude et serez encore plus fatigué).

Quand on fait appel à la baby-sitter :

- ☐ Un/des enfant(s) lavé(s) et nourri(s)…
- ☐ … à qui vous aurez bien expliqué au préalable que ce soir vous sortez et qu'une baby-sitter va venir le(s) garder.
- ☐ De la nourriture pour la baby-sitter
- ☐ Une fiche contact des personnes à prévenir en cas d'urgence
- ☐ Un dessin animé (parce que c'est la fête !)
- ☐ Le mode d'emploi de la télécommande (si elle est vraiment très compliquée)
- ☐ Le code du WiFi
- ☐ Une trousse de secours bien mise en avant
- ☐ Un gros câlin et un gros bisou avant de partir
- ☐ Un taximètre pour voir combien va vous coûter en plus cette escapade en ville !

Quand on part en vacances sans les enfants :

- ☐ Un manuel explicatif sur comment fonctionne votre enfant (optionnel)
- ☐ Des grands-parents surmotivés
- ☐ Vérifier que la maison d'accueil (si ce n'est pas chez vous) est « baby-proof » (sécurisation des prises électriques, trucs à portée de main qui seraient dangereux, pointus, fragiles, précieux...)
- ☐ Lit parapluie
- ☐ Matelas supplémentaire pour le lit
- ☐ Trousse de secours (Cf. la liste dédiée)
- ☐ Lait
- ☐ Biberons
- ☐ Nourriture solide si besoin
- ☐ Biscuits
- ☐ Langes et/ou Bavoirs
- ☐ Tétine
- ☐ Doudou
- ☐ Des couches
- ☐ Des lingettes
- ☐ Une serviette pour le change
- ☐ 1,5 t-shirt/jour
- ☐ 1,5 pantalon/jour
- ☐ 2 bodies/jour
- ☐ 1,5 paires de chaussettes/jour
- ☐ 1,5 pull /jour
- ☐ 0,5 pyjama/nuit (bon, sachant qu'il faut au moins en avoir 1 !)
- ☐ Un siège de bain
- ☐ Du savon (pour le bain)
- ☐ Suffisamment de livres et de jouets pour avoir un peu de répit de temps en temps
- ☐ La poussette
- ☐ Un mélange tenace de culpabilité de laisser son enfant, et de joie d'être temporairement libre !

Quand on va au square :

- ☐ Biberon
- ☐ Une dosette de lait déjà prête et un thermos avec de l'eau chaude pour faire un biberon « on-the-go »
- ☐ Compotes d'extérieur (en gourde, si possible réutilisable)
- ☐ Biscuits
- ☐ Langes et/ou Bavoirs
- ☐ Tétine
- ☐ Torchon pour essuyer les jeux humides, et les grosses larmes
- ☐ Couches et lingettes si le square est loin de chez vous
- ☐ Grande couverture à mettre au sol pour se créer un petit coin sympa (optionnel… mais agréable !)
- ☐ ~~Un livre ou magazine pour se prélasser pendant que son enfant est parfaitement autonome.~~

Quand on va faire les boutiques :

- ☐ Biberon
- ☐ Une dosette de lait déjà prête et un thermos avec de l'eau chaude pour faire un biberon « on-the-go »
- ☐ Compotes d'extérieur (en gourde, si possible réutilisable)
- ☐ Biscuits
- ☐ Langes et/ou Bavoirs
- ☐ Tétine et attache tétine
- ☐ Tétines de secours
- ☐ Nourriture solide si besoin
- ☐ Couches et lingettes
- ☐ Change en cas d'accident
- ☐ Poussette
- ☐ Doudou
- ☐ Quelques petits jouets
- ☐ La promesse d'une bonne glace si il/elle est sage

Quand on va à la plage :

- ☐ Biberon
- ☐ Une dosette de lait déjà prête et un thermos avec de l'eau chaude pour faire un biberon « on-the-go »
- ☐ Compotes d'extérieur (en gourde, si possible réutilisable)
- ☐ Biscuits
- ☐ Langes et/ou Bavoirs
- ☐ Tétine et attache tétine
- ☐ Tétines de secours
- ☐ Nourriture solide si besoin
- ☐ Couches et lingettes
- ☐ Change en cas d'accident
- ☐ Poussette
- ☐ Jeux de plage
- ☐ Grande couverture
- ☐ Plusieurs serviettes
- ☐ Bouées ou brassards
- ☐ Couches de bain (si la plage est en fait une piscine)
- ☐ Maillot de bain
- ☐ Crème solaire
- ☐ Chapeau
- ☐ Lunettes de soleil
- ☐ T-shirt anti-UV
- ☐ Bouteille d'eau
- ☐ Votre porte-monnaie pour acheter un petit goûter bien mérité (pour vous !)

Achevé d'imprimer en décembre 2019
sur les presses de la Nouvelle Imprimerie Laballery
58500 Clamecy
Sixième tirage (décembre 2019)
Dépôt légal : juin 2016
N° d'impression : 912119
Imprimé en France
La Nouvelle Imprimerie Laballery est titulaire de la marque Imprim'Vert®